엘베 강변
하얀 언덕 위의
친구들

엘베 강변
하얀 언덕 위의
친구들

지은이 | 권영진
펴낸이 | 원성삼
펴낸곳 | 예영커뮤니케이션
초판 1쇄 발행 | 2014년 7월 28일
초판 3쇄 발행 | 2022년 3월 25일
등록일 | 1992년 3월 1일 제 2-1349호
주소 | 03128 서울시 종로구 대학로3길 29, 313호(연지동, 한국교회100주년기념관)
전화 | (02) 766-8931
팩스 | (02) 766-8934
이메일 | jeyoung@chol.com
ISBN 978-89-8350-897-3 (03230)

값 9,000원

이 도서의 국립중앙도서관 출판예정도서목록(CIP)은 서지정보유통지원시스템 홈페이지
(http://seoji.nl.go.kr)와 국가자료공동목록시스템(http://www.nl.go.kr/kolisnet)
에서 이용하실 수 있습니다.(CIP제어번호: CIP2014021217)

모든 인간은 하나님의 형상을 닮은 존귀한 존재입니다. 사람은 인종, 민족, 피
부색, 문화, 언어에 관계없이 모두 다 존귀합니다. 예영커뮤니케이션은 이러한
정신에 근거해 모든 인간이 존귀한 삶을 사는 데 필요한 지식과 문화를 예수 그리스도의
사랑으로 보급함으로써 우리가 속한 사회에 기여하고자 합니다.

엘베 강변
하얀 언덕 위의
친구들

권영진 지음

예영 커뮤니케이션

추천의 글

엘베 강변 하얀 언덕 위의 친구들이라는 제목만 읽었을 때 그 내용이 무엇일까 무척 궁금했다. 하지만 책을 읽기 시작하자 곧 알게 되었다. 저자는 마르틴 루터가 주도했던 종교개혁의 성공요인을 주위에서 함께했던 친구들에게서 찾고 있다. 이 책을 통해 막연하게만 알고 있던 종교개혁의 속살을 속속히 들여다본 것 같아 기쁘다. 하지만 책을 덮는 순간 마음을 가장 두드린 것은 하나님이 허락하신 좋은 친구들이 얼마나 큰 선물인가 하는 깨달음이었다.

성경은 친구의 중요성을 강조하고 있다. 철이 철을 날카롭게 하는 것처럼 친구가 친구의 얼굴을 빛나게 한다. 이미 다윗과 요나단의 모습에서 세례 요한과 예수님의 모습에서, 바나바와 사울의 관계에서 큰일을 이루기 위해서 함께하는 친구가 얼마나 중요한지를 보았다. 그리고 엘베 강변의 하얀 언덕, 비텐베르크에서 함께했던 루터의 친구들이 이루었던 역사적 거사, 즉 종교개혁의 성공원인도 바로 그 우정에 기초하고 있음을 저자는 역설하고 있다.

그렇지 않아도 얼마 전에 마친 월드컵에서 우승을 거머쥔 독일 축구에 대한 이야기가 인구에 회자되고 있다. 한두 명의 우수한 선수에 의존하지 않고 팀으로 일궈 낸 승리라 더욱 값진 것이라는 사실이 알려지면서 팀워크의 중요성이 더욱 강조되는 때에 독일에서 있었던 종교개혁에 함께한 사람들의 이야기가 소상하게 전해지는 이 책이야 말로 시의적절하다는 생각을 해 본다.

최근에 한국 교회가 사회로부터 받는 지탄도 어쩌면 이런 관점에서 조명되어야 한다. 한국 교회의 문제는 공동체성이 사라지고 있다는 데에 있다. 저자가 지적하는 것처럼 스타 목사의 지시에 의해 이루어지는 것이 아니라 사역자들이 한 팀이 되어 일궈 내는 사역은 마치 500년 전 마르틴 루터가 한 일처럼 오랫동안 사람들에게 영향을 줄 수 있을 것이다.

저자 자신이 지니고 있는 육체적 연약함을 도우며 옆에
서 함께하는 친구들과 가족들의 이야기가 가슴을 찡하게
만든다. 몇 년 전 독일에서 사역하는 선교사들을 위한 퍼
스펙티브 훈련 때문에 권 선교사를 만나게 된 후 그의 진
실한 모습에 반했는데 어려움 속에서도 이런 책을 써서 우
리를 섬겨 주는 것에 그저 감사할 뿐이다. 주님을 따르는
모든 그리스도의 제자에게 이 책을 추천하고 싶다.

OMF 선교사

손창남

목차

들어가는 말

> 남편 마르틴이 바른 진리를 선포했던 것보다 더 결정적이었던 것은 바른 진리를 가장 적절한 시기에 선포했다는 것이다.
>
> _카타리나 폰 보라

"과거의 모든 역사를 거치는 동안 예수님의 탄생 이후 오늘날과 같은 세기가 없었다"고 루터 스스로 당대를 평가한 적이 있다. 16세기는 적절한 시기에 올바른 복음을 선포함으로 인류 역사상 가장 위대한 종교개혁이 일어났던 때였다. 종교개혁은 가정, 사회, 교육, 정치, 문화에 이르기까지 미치지 않은 곳이 없었으며, 거대한 역사의 물줄기를 바꾸어 놓았다. 500년이 지난 21세기를 사는 우리도 여전히 그의 덕을 톡톡히 보고 있으며, 오는 세대들도 똑같이 이를 고백할 것이다.

역설적이게도 이 위대한 사건은 잘 알려진 대로 로마 제국의 변방 작센 공국Herzogtum Sachsen의 광산촌 아이스레벤Eisleben 출신의 한 젊은 무명의 수도사 마르틴 루터가 비텐베르크 성 교회의 양쪽 놋문에 95개 논제를 붙이면서 시작되었다.

그렇다면 과연 자신의 내면 문제로 미치광이처럼 죽어가던 고행 수도사 마르틴 루터가 개인 문제의 해답을 뛰어넘어 민족과 시대를 향하여 개혁의 세기를 열 수 있었던 원동력은 무엇이었을까? 루터 한 사람의 범상치 않았던 내면적 고민과 그것을 해결코자 했던 치열함, 학문적 뛰어남, 옳다고 생각한 바를 추진력 있게 실행하는 기질적 강함이 시대적 요청과 맞물려 있었음에 틀림없다.

그러나 루터의 일생과 개혁의 세기를 좀 더 자세히 들여다보면 이는 루터라는 한 사람의 능력을 뛰어넘어 루터 뒤에 숨어 있던 '루터의 사람들'과 함께 이루어 낸 공동작품이라는 것을 알 수 있다. 그들이 아니었더라면 과연 루터와 그의 세기가 역사의 무대에 오를 수 있었을까?

얼핏 보면 복잡하고 예민하며 지나치다시피 치열하게 내면 문제를 파고 들어가 선뜻 가까이 하고 싶지 않은 고

뇌하는 수도사의 내면을 복잡한 실타래를 풀듯, 절망의 구덩이에서 나오도록 이끈 영적 아버지요 스승이셨던 요한 폰 슈타우피츠Johann von Staupitz 박사가 없었더라면…. 성경을 그리스 원어로 공부할 수 있게 도와주고 학문적으로 신학적인 논증을 해 주며 루터보다 더 개혁적이면서도 그 현장에서 평생 화합과 협상을 이끌어 낸 친구 필립 멜란히톤Philipp Melanchton 교수가 없었더라면…. 루터의 신변을 보호하며 재정을 아낌없이 후원한 뛰어난 지략가요 정치가였던 선제후選帝侯, 신성로마제국 황제 선출권을 가진 제후 프리드리히 데어 바이제Friedrich der Weise 및 작센 선제후들을 만나지 못했더라면…. 위장병, 신장결석 등 신체적인 질병뿐 아니라 우울증이 있었던 루터의 주치의로서 그의 건강을 전담하고 험난한 개혁을 길을 가도록 격려하며 가정을 열어 최초의 목사관 모델을 보여 준 그의 아내 카타리나 폰 보라Katherina von Bora 를 만나지 못했더라면…. 당대 신성 로마제국의 황제 일순위였던 선제후 프리드리히 데어 바이제와 무명의 광산촌 평민 출신 수도사 루터가 만날 수 있도록 다리 역할을 해 준 궁정 수석 비서실장 게오르크 스팔라틴Georg Spalatin 이 없었더라면…. 루터의 개혁신학을 실제 목회 현장에서 실천하여 독일어 개신교 예배를 드린 비텐베르크 시 교회市 教會, Stadtkirche

요하네스 부겐하겐Johannes Bugenhagen 담임목사와 성 교회城 敎會.
Schlosskirche 목사였던 루터의 영적 아들 유스투스 요나스Justus
Jonas 의 위로가 없었더라면…. 루터와 그를 둘러싸고 있는
종교개혁자 동지들과 사건들 그리고 개혁으로 나타난 복
음진리를 그림과 인쇄로 전파하고 남겨 준 화가 루카스 크
라나흐Lucas Cranach 가 없었더라면…. 이들의 만남은 북부 독일
의 동쪽에 위치한 엘베 강변의 흰 모래 언덕 위에 세워진
조그만 도시 비텐베르크에서 시작되었다.

비텐베르크Wittenberg 는 '흰 모래 언덕'이라는 뜻이 있는데
이 언덕 마을의 총 길이는 1.4킬로미터에 불과하다. 인구
2,000명이 살던 조용한 소읍小邑에 1502년 작센국의 선제
후 프리드리히 데어 바이제가 비텐베르크대학을 세우면서
이들의 만남이 이루어졌다.

1502년에는 대학 설립자요 동시에 초대 신학부 학장으
로 37세의 요한 폰 슈타우피츠 교수가 초빙되어 왔다. 3년
뒤, 1505년에는 33세의 루카스 크라나흐가 궁정 화가로 왔
다. 다시 3년 뒤 1508년에는 25세의 수도사 마르틴 루터
가 슈타우피츠 박사의 초청으로 비텐베르크로 오게 되었
다. 1508년에는 24세의 게오르크 스팔라틴이 선제후 궁정
교사로 오게 되면서 마르틴 루터와 교제하게 된다. 1518년

에 새로 개설된 그리스어과 교수 자리에는 21세의 수재 청년 교수 필립 멜란히톤이 초청되어 왔다. 요하네스 부겐하겐은 1521년부터 합류하여 비텐베르크 시 교회 담임목사로 시무하게 되었다. 비텐베르크에서 법률 공부를 한 후에 에르푸르트대학의 학장이 된 유스투스 요나스도 1521년 비텐베르크에 합류하여 성 교회 책임 목사가 되었다. 1523년에 24세의 수녀 카타리나 폰 보라가 수도원을 탈출하여 비텐베르크로 오게 되면서 바야흐로 루터 사단師團은 강력한 힘을 받으며 16세기 종교개혁의 산실이 되어 온 세상과 역사를 뒤집어 놓았다.

이러한 친구들에게 둘러싸여 있던 루터는 이렇게 고백한 적이 있다.

"한 명의 신실한 친구는 말할 수 없는 재산이며 귀중한 보화이다. 외적 위험의 때뿐만 아니라 내면의 시험의 때에 친구들의 도움과 위로는 이만저만이 아니다. 신실한 친구를 잃는 데 비해, 재물을 잃어버리는 것은 손실이라고 할 수 없다."

1,4킬로미터의 거리에 모여든 루터 친구들의 우정은 천년의 철옹 같은 중세의 두꺼운 어두움을 깨뜨리고 새로운 시대를 여는 놀라운 하나님의 역사를 이루어 냈다.

성부, 성자, 성령 삼위일체의 하나님은 인간의 존재 형태를 자신의 모양대로 만드셨다. 즉 단독자가 아닌 남자와 여자를 만드시고, 사람을 공동체적 존재로 지으셨다.

창세기 2장에서 하나님은 단독자 아담을 좋지 않다고 하시며 그의 친구를 만들어 주셨다. 그리고 아담과 하와 두 사람이 결합하여 한 몸을 이루게 하셨다. 하나님께서는 인간을 한 사람의 위대한 영웅으로 만들지 않으시고 돕는 자를 필요로 하는 존재로 지으셨다. 모든 것을 갖추고 있는 완전한 단독자가 아닌, 서로가 서로를 필요로 하는 존재, 즉 공동체적 존재로 만드셨다.

우리는 모두 본질적으로 조금 부족한 존재, 그래서 그 부족한 부분을 위해 타인의 도움을 받아야 하는 존재이다. 하나님은 우리 개개인을 세상에 내보내실 때 돕는 자들도 함께 보내 주셨다. 조금 부족한 존재들이 서로를 돕는 환상적인 만남을 우리는 500년 전 엘베 강변의 조그마한 마을에서 보게 된다.

루터는 친구를 잘 만나 살아나고, 친구를 잘 만나 출세한 사람이다. 우리도 친구를 잘 만나야 하고 친구와 함께 해야 한다. 그래야 세상의 역사를 다시 쓸 수 있다. 독불장군, 일인영웅은 교만한 인간의 허상에서 나온 사기요 기만이다.

서구 사회는 역사를 통해 그것을 이미 경험했다. 자신의 한계를 인정하고 팀과 협력하는 팀워크를 강조하면서 팀원이 함께 일하는 구조와 시스템이 전 사회에 뿌리내리고 있다.

반면 아직도 한 인간에 대한 영웅화와 이상화를 그리워하는 대한민국은 영웅 시대에 애착하는 것 같다. 그렇게 자칭 영웅들에 속고 상처를 받고도 아직도 영웅을 찾고 있는 것이 안타깝다.

한 사람이 지니고 있는 모든 것은 다 하나님께로부터 받은 은사이다. 부모를 비롯한 가족 관계, IQ, 재능, 건강, 가문, 재물, 기질들을 우리는 각자 다양한 분량으로 선물받았다. 그것으로 하나님의 나라, 즉 교회와 전 인류 공동체를 섬기라는 사명을 받고 우리는 태어난다. 동시에 반드시 부족한 부분, 타인의 도움을 받아야 하는 약점도 있다. 그렇지 않으면 우리는 인간이 아니다.

이제 우리는 영웅이기를 포기하자. 나를 조금 부족한 존재로 만드신 하나님의 사랑과 한계를 시인하자. 다른 사람^{친구}이 필요함을 고백하자. 영웅 시대에 대한 애착을 과감히 버리고 팀과 협력 시대로 나아가야 한다.

교회 공동체에 영웅 목사님이 사라져야 하고, 선교지에 영웅 선교사가 없어져야 한다. 영웅 목사님의 비리를 알면서도 공동체 존속을 위해 울며 겨자 먹기 식으로 영웅으로 붙들고 있어야 하는 것은 더 이상 교회가 아니다. 그 사람은 목회자가 아닌 스타요, 교회는 유흥업체나 다름없다. 한국 교회 공동체가 팀과 협력의 공동체가 되어야 한다.

시편 133편에서 시편 기자는 "보라! 형제가 연합하여 동거함이 어찌 그리 선하고 아름다운고!"라고 감격하며 외쳤다. 친구의 연합과 형제의 동거함의 선하고 아름다움에 감동하여 외쳤다. 이 사랑이 바로 영생이요 하나님이 우리에게 주시고자 하는 풍요의 축복이라고 기술했다.

모세가 있으면 여호수아가 있어야 하고 또 갈렙이 있어야 했다. 다윗이 등장하기 위해서는 사무엘이 준비돼야 했고, 요나단의 희생이 있어야 했다. 예수님께서 오시기 위해 세례 요한이 있어야 했고, 그의 죽으심과 부활 후에는 사도들의 순교적 증거가 필요했다. 바울이 역사의 무대에 오르기 위해서는 아나니아와 바나바가 절대적으로 필요했다. 후에는 의원 누가가 일평생 그림자처럼 바울과 동행하며 그의 주치의가 되었고 그의 비서가 되었으며 그의 위로자가 되었다. 누가가 없었다면 어떤 사람이 바울의 역사를 우리에게 남겨 주었을까? 교회사에서, 또 우리 인류의 역사에서 이런 이야기를 모두 하자면 정말 지면이 모자랄 것이다. 이러한 동역과 합심의 아름다움이 바로 교회를 세우고 하나님의 나라를 이룬다고 나는 믿는다. 모두가 일인자가 되고자 하는 허영과 욕심을 버려야 한다.

우리나라의 전통적 인사동 거리는 800미터 정도 된다고 한다. 인사동의 2배도 채 안 되는 엘베 강변의 거리, 도보로 20분이면 걸을 수 있는 거리, 그곳에서의 조금 부족한 존재들이 서로를 세우는 환상적인 만남을 우리나라의 거리 곳곳에서도 기대해 본다.

한국 사람들은 참으로 부지런하고 인내심이 있으며 지혜롭다. 우리나라 사람들이 혼자가 아닌 함께 일하는 시너지를 창출한다면 21세기를 또 하나의 위대한 세기로 만들 수 있지 않을까! 이런 의미에서 위대한 종교개혁을 이루어 낸 루터와 그의 동역자들의 만남과 팀 사역을 알아보는 작업은 정말 값진 일이다.

1. 위대한 스승, 요한 폰 슈타우피츠

> 만약에 슈타우피츠 박사님과의 만남이 없었더라면 나는
> 지옥에 빠져 죽고 말았을 거요.   _마르틴 루터

요한 폰 슈타우피츠Johann von Staupitz; 1468-1524는 작센 공국, 지금
의 라이프치히Leipzig 근교의 조그마한 마을 모터비츠Motterwitz
에서 귀족 가문의 자제로 1465년에 태어났다. 25세에 뮌헨
München에 있는 아우구스티누스 수도원에 들어갔으며, 32세
에 튀빙엔에서 수도원장이 되었다. 33세부터 성경신학 교
수로서 강의를 하면서 1500년에 신학 박사가 되었다.

1502년에 작센 선제후 프리드리히 데어 바이제의 초청
으로 비텐베르크대학 설립을 돕게 되면서, 1502부터 1512
년까지 비텐베르크 신학부 초대 학장이요 교수로서, 동시

요한 폰 슈타우피츠

에 아우구스티누스 수도원의 주교 총대리로서 1520년까지 재직했다.

말년에 남부 독일 순회 신부로 활동했고, 몸담고 있던 아우구스티누스 교단에서 베네딕트 교단으로 옮겼으며, 잘츠부르크^{Salzburg; 지금의 오스트리아} ^{지역} 성 베드로 대성당 신부로 지내다가 1524년 소천했다.

개혁의 씨를 심어 준 영적 부친

슈타우피츠는 이 개혁 교리에 있어서 나의 부친이며 나를 그리스도 안에서 잉태하신 분이다.　　　　_마르틴 루터

현재 우리나라에 3개의 큰 교단^{장로교, 감리교, 오순절교}이 있듯이, 루터 시대의 수도원에도 아우구스티누스 교단^{Augustiner Orden}, 프란치스카 교단^{Franziskaner Orden}, 도미니칸 교단^{Dominikaner Orden},

카르멜리트 교단$^{Karmeliter Orden}$이 있었다. 다른 교단에 비해 아우구스티누스 수도원은 학구적이며 성경 연구에 중점을 두는 교단이었다.

당시 아우구스티누스 수도원 내부에는 대학자인 슈타우피츠 총대리자의 영향 아래 개혁적인 사고를 가진 수도사들이 구성되어 교단의 개혁을 순리적으로 풀고자 하는 분위기가 조성되고 있었다. 개혁주의자 슈타우피츠 박사는 실로 그리스도의 공로와 의의 복음을 이해하고 하나님의 사랑을 알며 실천하는 예수의 사람이었다. 그는 비개혁파 수도사들을 도와 그의 교단이 개혁파로 합쳐지도록 애쓰고 있었다.

그러던 어느 날, 슈타우피츠 박사가 에르푸르트 수도원을 순회 방문했을 때 피골이 상접하고 번뇌에 가득 찬 한 젊은 수도사를 만나게 되었다. 자신의 구원을 위해 할 수 있는 것이라면 다 하겠노라고 마음먹은 한 청년 수도사가 추운 골방에서 두려움에 사로잡혀 기도를 드리며 고행하고 있었다. 몸은 뼈를 셀 수 있을 만큼 여윈 채, 죄의 짐과 심판의 불안으로 지옥의 고통을 당하며 정신 착란 증세까지 보였다. 동료 수도사들은 어찌할 바를 몰랐고 귀신들린 게 아닌가 하고 수군거렸다. 그가 바로 24세의 수도사 마르틴 루터였다.

고행하던 수도사 루터의 모습

　광산촌 출신의 시골 청년 마르틴 루터는 18세 당시 대도시 에르푸르트로 와서 독일에서 세 번째로 오래된 명문 에르푸르트대학에 들어갔다. 1년 만에 철학사 학위를 받고, 2년 뒤에는 차석으로 석사 학위를 취득했던 명석한 학생이었다. 가문의 영광이 된 장남이 장차 법학을 공부하여 고향 마을^{만스펠트} 백작의 법률 고문이 되는 것이 부친의 간절한 소원이었다.

　부친의 소원대로 법학도가 된 21세의 마르틴 루터는 여름방학이 되어 고향 집을 다녀오다가 큰 폭풍우를 만나게 된다. 시커멓게 몰려드는 먹구름과 천지가 떠나갈 듯한 천둥소리와 함께 번쩍이는 번개 빛에 맞아 루터는 쓰러지고 말았다.

　"성 안나여! 살려 주소서! 수도사가 되겠나이다!"

　루터가 자란 중세의 광산촌은 온갖 토속 귀신들과 기독교 수호신들로 뒤덮여 있었다. 위험하기 그지없는 광산촌에서 가장 센 수호 성녀는 성모 마리아의 어머니인 성 안나였다. 어른이나 아이 할 것 없이 무슨 일을 만나면 성 안나가 입에서 저절로 튀어 나오곤 했다.

문제가 생기면 바로 신의 벌을 연상하는 중세적인 인과응보적 사고를 하고 있던 루터는, 하나님의 무서운 진노를 달랠 수 있고 그분의 벌을 면제받을 수 있으며 그분의 마음을 흡족하게 할 수 있는 것이 수도사의 삶이라 생각했다. 그래서 중세의 청년 루터는 죽음의 한가운데서 수도사로 서원하게 된다.

1507년 2월 초, 루터는 2년 동안 온갖 허름한 일들을 하며 수련사 기간을 성실하게 거치고 있었지만, 수도원 생활에서도 평안이 없었다. 더욱이 사제 서품 이후 내면의 고통이 더욱 심해졌다. 기대한 구원과는 달리 수도원 세계에 대한 실망이 쌓여 갔고, 동시에 치열한 내면의 싸움이 시작되었다.

당시 42세의 요한 폰 슈타우피츠 박사가 아우구스티누스 수도원의 주교 총대리자로 에르푸르트 수도원을 순방했을 때 루터의 나이는 24세였다.

수도사 루터는 문제아였고 골칫덩어리였다. 그는 왕따를 당하고 있었다. 그러나 예수님을 진정으로 알고 사랑했으며 진리와 생명으로 가득 차 있던 하나님의 사람 슈타우피츠의 눈에는 루터가 문제아로 보인 것이 아니라 한없이 진리와 구원에 목말라하는 구도자의 모습으로 보였다. 슈타우피츠는 구도자의 길에서 고통받는 무명의 수도사에게 깊은 연민을 느끼며 아버지의 마음으로 루터를 돌보아 주기 시작했다. 참된 경건을 소유했고, 여러 학문에 정통하고 성경의 진리를 깨달았으며, 아버지의 마음을 가진 스승 슈타우피츠와 루터와의 만남은 이렇게 시작되었다. 루터의 복잡한 사고와 궤변 그리고 그의 끝도 없는 이야기를 이 하나님의 사람은 들어 주었다. 하루에 몇 시간씩 쏟아 내는 루터의 이야기에 귀를 기울여 주었다.

"그리스도께 용서받고 싶거든, 용서받을 만한 죄가 될 만한 것을 가지고 들어오게. 하루 7번 행해야 하는 기도를 미루었다거나 하는 이따위 시시껄렁하고 자질구레한 것이 아니라 부모 살해니, 간음이니 하는 걸로 죄가 될 만한 것 말이야. 자네는 아무 것도 아닌 쓸데없는 것으로 엄청난 죄를 스스로 만들어 내고 있다네.

구원은 사람의 공로에 기초를 두는 것이 아니라 하나님의 약속을 믿음으로 온다네. 믿음으로 구원을 받았으나 아직

죄인인 우리는, 그럼에도 불구하고 하나님과의 바른 관계를 추구하고 즐거워하지. 우리는 사함을 받은 죄인이라네. 그리스도의 공로가 하나님 앞에서 그분을 믿는 모든 이들을 의롭게 만들어 준다네. 모든 이들은 믿음으로 구세주를 따르며 자신의 공로가 아니라 그리스도의 공로를 의지하여 은혜로우신 하나님을 모시고 살고 있다네.

참된 회개는 벌주시는 하나님, 진노하시는 하나님을 두려워한다고 되지 않네. 오히려 참 회개는 하나님을 사랑할 때 오는 것이지. 의사는 환자가 천연두에 걸린 여부를 알아보기 위해 모든 물집을 일일이 다 조사할 필요가 없고, 흉터를 일일이 긁어내는 식으로 병을 치료할 수 없듯이, 변화를 받아야 할 대상은 인간의 본성 전부야."

슈타우피츠는 죄의 짐으로 고통받는 루터의 관심을 개인적인 죄 하나하나에서 인간 전체의 죄악된 본성으로 돌리는 데 도움을 주었다. 의사는 환자가 천연두에 걸렸는지 알기 위해서 물집을 일일이 다 검사할 필요가 없고, 물집 하나하나를 다 치료할 필요가 없다. 치료를 받아야 하는 것은 물집 하나하나가 아니듯이 변화를 받아야 할 대상은 죄 하나하나가 아니라 인간의 본성 전부이다.

슈타우피츠 박사는 일일이 열거하고 고백하며 사죄를 받을 수 있는 어떤 죄보다도 더 근본적인 것은, 인간의 전적으로 타락한 성품이며, 용서받아야 할 것은 인간 본질 그 자체임을 가르쳤다. 그는 전적으로 타락한 인간에게 꼭 필요한 한 가지는 하나님의 사랑을 받아들이고 하나님을 사랑하는 것이라고 가르쳤다.

슈타우피츠 박사는 루터가 구원을 받으려고 몸부림치는 노력마저도 교만한 자기주장自己義의 한 형태라고 지적했다. 그는 루터가 신앙을 너무 어렵게 만들고 있으며, 루터에게 꼭 필요한 한 가지는 바로 하나님을 사랑하는 것임을 깨닫도록 도왔다. 이 가르침을 받은 루터는 후에 "하나님을 사랑하라. 그리고 마음대로 하라"고 설파했다.

이 위대한 멘토는 천연두의 작은 물집을 일일이 쥐어뜯고 있는 루터가 인간 통째로 부패한 본성에 눈을 뜨도록, 그러나 진노하시는 하나님이 아닌 용서하시고 사랑하시는 하나님을 깨닫도록 도왔다. 인간에게 다가온 구원의 길은 자아의 몸부림을 포기하고 하나님의 임재와 사랑 앞에 자신을 온전히 맡기는 일이었다. 자신의 공로나 노력이 중요한 것이 아니라 그리스도의 은혜에 의존하는 믿음이 전부였다.

"촛불은 태양 앞에서 빛을 발하려 힘쓰지 마라.

물방울은 바다에 영향력을 미치려 하지 마라.

피조물은 창조주 안에 온전히 맡기라.

구원을 위해 몸부림치려 하지 말고

하나님의 깊은 것에 맡기라.

예수의 상처를 바라보라.

그곳에 하나님의 자비가 있다.

죄가 깊으면 깊을수록

그리스도는 더욱 가까이 오사 손을 내미신다.

그리스도는 실로 죄인을 구원하시기 위해 죽으셨다.

하나님을 사랑하라.

하나님의 사랑하심에 구원이 있다."

실로 요한 폰 슈타우피츠 박사는 처음으로 루터를 하나님과 그리스도께 인도했던 스승이요, 그리스도 안에서 잉태한 영적 아버지였다.

루터는 슈타우피츠에 대해 이렇게 고백했다.

"슈타우피츠 박사님을 통해 어둠에서 빠져 나와 복음의 빛이 내 가슴에 비치기 시작했다. 만약에 슈타우피츠 박사님이 아니었더라면 나는 지옥에 빠지고 말았을 것이다. 슈타우피츠 박사님은 나에게 개혁 사상을 잉태시켜 주신 영적 아버지였다."

슈타우피츠는 골치 아픈 수도사 루터를 아버지의 마음으로 돌보고 새로운 성서 계시의 이해로 이끈 실로 루터의 영적 아버지요 개혁의 씨를 심어 준 선구자였다.

한 사람을 어떤 눈으로 보느냐 하는 것은 참으로 중요하다. 쉽지 않은 어린아이 하나를 두고, 쉽지 않은 청소년을 두고, 쉽지 않은 청년을 두고 주위에 있는 어른들이 어떤 시각으로 보느냐에 따라 그의 인생은 달라진다.

우리가 잘 아는 "사운드 오브 뮤직"The Sound of Music 에 나오는 수녀 마리아도 마찬가지이다. 엄격한 수도원에서 구름과 꽃들에 빠지고 노래에 심취하여 미사에 늦는 말썽꾸러기 수녀를 감당 안 되는 일곱 아이들과 외로움에 지친 홀아비 장교 가정의 뛰어난 교육가요 내조자로 변하게 한 것은 마더 수도원장의 그녀를 보는 다른 시각 때문이었다.

사도 바울을 핍박자요, 살인자요, 잔인한 훼방자로 보기보다는 누구보다도 하나님을 사랑한 구도자로 보신, 그리고 후에 이방 세계를 복음의 능력으로 품을 위대한 사도로 보신 그 예수님의 은혜가 루터에게도 임했다. 슈타우피츠는 루터의 가능성을 보고 그를 키워 준 스승이었다.

오늘날 우리 교회와 사회에도 이러한 스승이 있다면 얼마나 좋을까? 교회에서 담임목사가 부목사를 이러한 눈으로 보고, 신학교에서 신학교수가 신학생을 이러한 눈으로 보고, 가정에서 부모가 자녀들을 이러한 눈으로 보고, 학교에서 선생님이 학생들을 이런 눈으로 보고, 직장에서 상사가 신입직원을 이렇게 보고, 세상에서 어른 세대가 젊은 세대를 이런 눈으로 보고 마음을 기울인다면 우리의 세대에 루터 같은 인물이 다시 한 번 태어나지 않을까?

성경으로 이끌어 준 멘토

아무리 설명을 해도 루터의 고민이 해결되지 않자 슈타우피츠는 교수법을 바꿨다. 관심과 동정을 끄고 무관심하게 대했다. 또 그처럼 별난 고민을 하는 사람은 자네 혼자뿐이며 자네의 몫이라고 했다. 그러면서도 이 젊은 수도사를 위한 효과적인 치료법을 내심 궁리하기 시작했다. 도덕적으로 진지하고, 종교적으로 예민하며, 비상한 재능을 지닌 루터에게는 이론과 입술의 위로는 전혀 통하지 않았다. 성경 자체가 해답이 되리라! 깊고 괴상한 생각에 잠겨 세상과 인연을 끊고 정신력과 의지력을 무모하게 소모하고 있는 제자에게 오직 해답은 성경에 있었다. 슈타우피츠는 사랑스러운 제자를 수도원 골방에서 벗어나게 하여 성경으로 씨름하도록 도와야겠다고 생각했다.

1508년 슈타우피츠는 루터에게 비텐베르크대학에서 철학 강의를 맡도록 주선하면서 동시에 그로 하여금 신학공부를 하도록 했다. 그는 하나님의 사랑이 가득한 하나님의 말씀 연구에 루터를 초대했다. 이렇게 시작된 신학공부를 통해 루터는 일 년 뒤 성경 학사Baccalaureus biblicus가 되었다.

1510년에는 루터가 그 유명한 로마여행을 하도록 주선했다. 슈타우피츠는 둘로 갈라져 있던 독일의 아우구스티누스 수도회를 통합하고 개혁하려고 했지만 혼란만 커졌다. 그는 루터가 다른 수사 한 명과 함께 로마에 가서 수도원의 몇몇 분열된 모습을 호소하도록 특사로 지명했다. 일 자체로는 큰 성과가 없었지만 루터에게는 '거룩한 도시, 로마'의 진상을 볼 수 있는 기회였다.

1511년에 비텐베르크 아우구스티누스 수도원 배나무

아래서 슈타우피츠는 루터를 불러냈다. 이번에는 신학 박사 공부를 계속하면 어떻겠냐며 은근히 설득했다. 루터는 열다섯 가지 이유를 대며 일언지하에 거절했다. 그중 하나가 "나는 오래 살지도 못할 것인데 그렇게 힘든 길을 가야 하느냐"는 것이었다. 슈타우피츠는 "그것 참 잘됐군. 하늘 나라에도 일이 태산 같이 많을 텐데… 하나님도 박사 몇 명이 필요할 텐데… 자네가 죽으면 하나님의 좋은 참모가 되지 않겠냐"며 받아쳤다. "박사 과정에 드는 비용은 선제 후에게 벌써 부탁해 놓았네."

슈타우피츠는 수도원 골방에 갇혀 있던 젊은이를 처음에는 철학 강사 자리로 비텐베르크로 오게 하여 성경신학 사 과정을 시작하게 하더니 결국은 성경신학 박사 과정으로 이끌어 냈다. 실로 그는 종교적인 고민으로 붕괴 직전에 있던 영적 아들에게 성경으로 씨름하게 도와주었고, 죄에 대한 고민의 해답을 직접 말씀을 통하여 찾도록 유도했다. 1512년 10월, 루터가 29세가 되었을 때 그는 스승의 의도대로 신학 박사Doctor theologiae가 되었다. 그러자마자 바로 슈타우피츠는 자신의 학장 자리에 루터를 앉히고 그는 남부 독일로 순례 방문을 떠났다. "의사 선생, 남의 병을 고치면서 자기 병도 고쳐 보시지"라는 속담대로, 루터가 남을 가르치면서 루터 스스로를 돌아보라는 의도가 있었으리라.

루터는 성서를 배우며 가르치는 일에 전념했다. 시편과 로마서, 갈라디아서, 히브리서, 디도서 등을 연속적으로 강의하면서 진리 안에서 답을 찾아가고 있었다. 그는 말씀 안에서 하나님과의 인격적 관계가 바로 맺어 있을 때, 그곳에 구원이 있음을 깨달았다. 이는 하나님의 은혜이지 결코 어떤 의를 행한다고 얻을 수 있는 것이 아니었다. 로마서를 연구할수록 확신할 수 있었던 것은 복음의 주제가 죄에 대한 용서였다는 것과 하나님의 약속인 그분의 말씀을 더욱 신뢰하고 의존하게 되었다는 점이다. 1516년과 1517년 사이에 루터는 비텐베르크 아우구스티누스 수도원의 종탑 안 조용한 서재에서 비로소 로마서 1장 17절의 바른 의미를 깨달았다.

1517년 루터의 95개 논제 발표는 스승 슈타우피츠가 행한 10년 동안의 수고와 열매로, 방황하던 루터가 하나님 은혜의 복음을 깨닫고 난 자연스러운 결과였다. 문제아 루터가 복음을 깨닫고 구원을 누리며 철통같이 어두운 중세의 암흑을 깨우기 위해 성 교회 문에 못질하는 개혁자로 태어나기까지 이 위대한 스승의 씨를 심고 자라도록 길을 만들고 그 길을 가도록 격려한 긴 해산의 시간이 있었다.

연인 사랑보다 더 강한 제자 사랑

루터를 복음으로 잉태시킨 영적 부친이요 개혁의 선구자였던 슈타우피츠 박사는 루터가 개혁의 여정에서 소심해지고 두려워할 때면 "늘 자네는 그리스도의 이름으로 이 일을 시작했네"라며 격려해 주었다.

로마 교황청은 아우구스티누스 수도회에 점차 압박을 가해 왔다. 아우구스티누스 수도회 총회장은 슈타우피츠를 불러 루터 때문에 수도회가 이단으로 의심받고 있으며 수도회의 명성이 더렵혀지고 있다고 경고했다. 또한 루터가 체포될 수 있다고 넌지시 알려 주었다. 만약 루터가 체포되면 총대리인인 슈타우피츠 박사가 직접 루터를 체포할 수밖에 없는 상황이었다. 슈타우피츠 박사는 고민 끝에 1518년 루터를 어거스틴 수도사의 서원에서 풀어 줌으로써 이 상황을 피하도록 도와주었다. 아래는 슈타우피츠가 교황청의 압박으로 제국을 떠날 때 루터에게 쓴 편지이다.

세상은 진리를 미워하고 있네.

그러한 미움이 그리스도를 십자가에 못 박았지.

오늘날 자네에게 이 십자가 말고

또 무엇이 준비되어 있는지…

비텐베르크를 떠나 내게로 오게.

우리 함께 살고 함께 죽세.

프리드리히 제후께서도 동의하고 있다네.

버림받은 우리, 버림받은 그리스도를 함께 따르세.

루터의 개혁에 점점 속도가 붙자 슈타우피츠는 제자 루터가 옳다는 것을 인정했다. 그가 가는 길을 반대하지는 않았지만 과격하게 개혁파에 합류하지는 않았다. 루터의 개혁이 과하다고도 생각될 때는 거리를 두기도 했다. 다음은 루터가 좀 우유부단한 스승에게 드린 서신이다.

스승님은 저에게 너무 무심하십니다.

스승님으로 인해 마치 젖 땐 아이가

엄마에 대해 걱정하는 꼴이 되었습니다.

오늘 밤에 스승님이 저와 이별하는 꿈을 꾸었습니다.

꿈속에서 비통하게 울고 있는 저에게

스승님은 손을 흔들고 계셨습니다.

스승님께서 다시 돌아와 주신다면

평안을 찾을 것 같습니다.

스승님의 조심스러움은
저를 근심스럽게 합니다.
은혜와 십자가의 설교자로서가 아닌
또 다른 슈타우피츠를 보는 것 같습니다.

지금은 두려워할 때가 아니라
예수 그리스도가 멸시받고 저주받는 곳에서
소리쳐 외쳐야 할 때입니다.

스승님께서 저에게 겸손을 요청하시는 것처럼
스승님이 당당함을 가지시라고 저는 말씀드립니다.

스승님은 정말로 겸손하시고
저는 너무나 교만합니다.
그러나 그리스도의 말씀은 화평의 말씀이 아니라
검의 말씀입니다.

슈타우피츠도 소극적인 자신을 스스로 이렇게 표현했

다. "마르틴 자네는 위험한 일을 저질렀어. 하나님이 비추어 준 성령의 계시로 그 일을 수행하고 있다네. 근데 나는 엄마 젖이나 빨고 있는 애기같이 더듬거리고 있지."

자신의 개혁의 영향을 받은 루터가 과격한 행동으로 나아가고 가톨릭교회로부터 이단이라는 정죄를 받자, 슈타우피츠는 루터와 이전처럼 가까이서 동역할 수는 없었다. 1520년 슈타우피츠는 아우구스티누스 수도원 총대리직을 사임했다. 교황청으로부터는 루터의 지지자라는 혐의를 받으며 평생 몸담았던 아우구스티누스 교단을 떠나 베네딕트 교단으로 옮겼다. 1522년 잘츠부르크로 가서 상트 페데르 돔^{Dom} 설교자로 남은 일생을 보냈다. 가톨릭에서 끝까지 머물러 있으면서, 동시에 끝까지 루터의 개혁의 길을 닦아 주며 그를 지원했다.

스승 슈타우피츠가 제자 루터에게 쓴 마지막 편지

그리스도의 위대한 친구이자 종, 마르틴 루터에게
그리스도의 종이며 당신의 형제이자 제자인
요한이 쓴다네.
그리스도와 복음에 대한 나의 믿음은 변함이 없다네.

교회에 대한 나의 매달림은 미지근하다네.

그러나 자네에 대한 나의 사랑은 변함이 없으며

여인들에 대한 사랑보다 더 강하다네.

나의 둔함으로 자네가 의도하는 바를

때로 파악하지 못하여

침묵으로 일관할 때가 있지만

그때마다 나의 사랑을 확인해 보게.

우리가 자네들에게 참으로 많이 감사한다네.

자네들은 우리를 양돈장 돼지 먹이에서

푸른 초장, 구원의 말씀으로 인도했다네.

자네들에게 감사의 빚을 졌다네.

슈타우피츠는 자신을 루터의 제자로 칭했다. 그의 겸손
과 하나님의 종인 루터에 대한 존경은 우리를 부끄럽게 한
다. 보통 사람 같으면 "내가 루터 같은 한 사람을 키워 냈
다고, 그가 나의 제자야"라고 얼마나 떠벌리고 다녔겠는
가? 이것이 진정으로 하나님의 영광을 위해 사는 하나님의
사람의 모습이 아니겠는가? 세례 요한의 "그는 흥하여야
하겠고 나는 쇠하여야 하리라"고 하는 말씀을 그대로 실천
한 하나님의 사람이다.

개혁을 시작한 그가 개신교에 합류하지 않고 끝까지 가톨릭에 머문 것에 대해 우리는 어떻게 평가해야 할까? 루터가 복음의 핵심으로 돌아가 1세기의 예수님을 바로 만났다면, 슈타우피츠는 중세라는 테두리에서 예수님을 만났을까? 예수님을 만난 루터는 중세의 벽을 과감히 넘을 수 있었지만, 슈타우피츠에게 벽은 여전히 존재했다.

슈타우피츠는 개혁적이었지만 교회의 일치에 머문 사람이었다. 도저히 함께할 수 없는 선을 넘기까지는 분열보다는 일치와 화해를 추구했다. 그에 대한 평가는 좀 미루어두고 더 많은 이야기는 새 하늘과 새 땅에서 들어보기로 하자.

2. 종교개혁의 2인자, 필립 멜란히톤

루터와 헤어지느니 차라리 죽는 게 낫다. _필립 멜란히톤

원래 이름은 필립 슈바르츠에르트 Phillip Schwartzerdt, Phillip Melanchthon; 1497-1560 이다. 필립은 1497년 2월 15일 남부 독일의 팔츠 주의 브레텐 Bretten 시에서 4형제 중 장남으로 태어났다. 부친은 궁정병기 감독관이었고, 모친은 브레텐 시의 시장의 딸이었다. 외조모는 당시 최대의 인문학자 로이힐린 Reuchlin 의 자매였다.

부친은 전쟁으로 거의 밖에 있어 어린 시절 필립은 부친의 얼굴을 본 적이 별로 없었다. 필립이 11살 때, 부친은 병을 얻어 전쟁에서 돌아왔는데 얼마 살지 못하고 돌아가셨다. 부친의 죽음 이후 그는 집에서 남쪽으로 20킬로미

필립 멜란히톤

터 정도 떨어져 있는 포르츠하임^{Pforzheim} 외조모 집에 가게 되면서 남부 독일에서는 제일 유명한 라틴어 학교^{pforzheimer Lateinschule}에 다니게 되었다. 라틴어 학교에서는 상위권 학생들에게 헬라어를 가르쳐 주었는데, 필립은 단연 헬라어 공부에서도 수석 자리를 놓치지 않았다.

영재 소년 필립의 라틴어와 헬라어 실력은 외조모의 오빠이며 당대 최고 헬라어 학자인 로이힐린에게도 알려졌고, 로이힐린은 그에게 각별한 관심을 가지게 되었다. 그 유명한 학자는 소년 필립에게 헬라어 문법책을 특별히 선물하면서 책의 앞장에 필립 슈바르츠에르트라는 이름 대신 헬라어 이름 "필립 멜란히톤"을 사용했다^{당시 유명한 인문주의 학자들이 자신의 이름을 헬라어로 바꾸는 것이 유행이었다}. 이후 그의 공식 이름은 필립 멜란히톤이 되었다.

필립은 12세의 나이에 하이델베르크대학에 입학했고, 2년 뒤 문학 학사 학위를 받았다. 나이가 어려 바로 석사 과정에 들어가지 못하고 튀빙겐으로 가서 헬라어, 라틴어, 히브리어뿐 아니라 천문학, 수학, 기하학, 음악 등을 두루 공부하다가 17세에 철학 석사로 졸업했다.

필립 멜란히톤에게 붙어 있는 타이틀은 셀 수 없이 많다. 천재 소년, 14세 최연소 학사, 17세 최연소 석사…. 천재 학자로서 더 이상 박사 과정에 들어갈 필요가 없어 평생 석사 학위Magister Atrium로 살면서 마기스터 필립푸수Magister Philipus라고 불렸다.

라틴어, 헬라어, 히브리어의 천재로서 그중 헬라어로는 당대 아무도 그를 따를 자가 없었다. 21세에는 『헬라어 문법』Philipp Melanchthon Institutiones rhetoricae, 1522 이라는 책을 처음으로 저술했는데, 이 책은 독일 전역에서 수대에 걸쳐 헬라어 교과서의 표본으로 사용되었다.

철학자요, 당대 최대의 인문주의자, 신학자요, 언어학 교수로서, 게르만 민족의 스승Praeceptor Germania이요 위대한 교육가로서 독일의 교육 시스템을 세우고 정립한 그의 공로는 매우 크다. 그러나 그 무엇보다도 그가 루터와 종교개혁사에 미친 역할은 이루 말할 수 없다. 그는 루터의 오른팔이자 종교개혁의 2인자라 불리지만 실제로는 멜란히톤 없는 루터, 멜란히톤 없는 종교개혁은 상상할 수 없다. 멜란히톤을 아는 사람이라면 루터의 종교개혁을 루터-멜란히톤의 종교개혁이라 부르는 것을 주저하지 않을 것이다.

멜란히톤에 대해 우리들이 아는 바는 실로 미미하다. 영원한 루터의 그림자로서 너무 숨겨져 있다.

첫눈에 반한 루터

1518년에 로이힐린이 헬라어 교수로 비텐베르크대학에 초빙을 받았으나, 나이가 많다는 이유로 그는 필립 멜란히톤을 추천했다. 1518년 8월 25일, 21세 청년 교수 필립이 비텐베르크에 도착했을 때 사람들의 반응은 시큰둥했다.

필립의 키는 150센티미터라고 알려져 있다. 걸을 때마다 어깨가 올라가는 이상한 신체적 습관이 있었고, 루터가 놀린 대로 얼굴 인상은 가늘고 턱은 뾰쪽했다. 그러나 사흘 만에 멜란히톤은 비텐베르크에서 가장 인기 있는 교수가 되었다.

도착한 지 사흘 뒤, 성 교회에서 멜란히톤의 도착 환영 강연회가 열렸다. 강연 제목은 "청년들이여, 원전 元典 으로 돌아가라!"Ad Fontes, iuventute! 였다.

인문주의자이며 신임 헬라어 교수 필립이 외쳤다.

"헬라어를 배우십시오! 원전으로 돌아가십시오! 그래서 사상의 저변에 머물지 말고, 핵심으로 들어가십시오!"

필립 멜란히톤 교수의 화두인 아드 폰테스^{Ad Fontes}는 영어로 'to the sources', 'to the fountains'로 '근원으로 돌아가라'는 뜻이다. 인문학자에게는 '고전^{원전}으로 돌아가라'는 뜻이기도 하지만, 신자에게는 '진리의 근원되신 하나님께로 돌아가라'는 뜻이기도 하다. 그러할 때 진리의 핵심으로 들어갈 수 있으며, 인간은 인간다움으로 돌아가게 되고 세상은 세상다움으로 돌아간다는 것이다.

멜란히톤 신학자들과 사역자들은 헬라어와 히브리어를 반드시 배워서 그리스도인이 진리의 본질로 양육되어야 한다고 부르짖었다. 그렇지 않으면 결국 진리의 저변에 머물게 되고 이는 오류와 무지와 미신으로 가득 차 있는 유사^{類似}진리에 빠지게 만든다고 말했다.

멜란히톤의 날카롭고 열정적인 강연은 지난 백여 년의 황폐한 교육 현실을 지적하는 것이었으며, 다시 근원으로 돌아가야 한다는 내용이었다. 강연 내내 엄청난 기립 박수와 환호가 터져 나왔고 강연이 끝나자마자 학생들은 그에게로 몰려 "멜란히톤! 멜란히톤!"을 외쳤다.

강연이 끝났을 때 루터는 이 젊은 교수에게 완전히 반해 버렸다. 그의 강의는 당시 비텐베르크의 익어 가는 종교개혁의 분위기와 꼭 맞아떨어졌으며 루터를 감동시켰다.

이렇게 시작된 35세의 루터와 21세의 멜란히톤의 우정은 지속적으로 유지되었다. 그들의 우정은 세상을 바꾸었고, 그들의 죽음 이후에도 세상을 바꾸고 있다.

루터는 비텐베르크대학 교수 임용을 책임지고 있던 친구인 게오르크 스팔라틴에게 보내는 서신에서 멜란히톤에 대한 찬탄을 이렇게 썼다.

> 그의 외모가 더 이상 문제가 되지 않는다네.
> 우리가 그를 통해 얻을 수 있는 것에 놀랄 뿐이네.
>
> 그가 있는 동안 다른 그리스어 교수는 더 필요 없다네.
>
> 해가 비치는 지상에서 그보다 더 재능을 가진 자는
> 없을 것일세.
> 그는 마땅히 존경을 받아야 하네.
> 그를 무시하는 자는 하나님 앞에서 무시를 당할 자라네.
> 다만 부드럽고 세밀한 성품을 가진 그가 염려가 되네.

어떻게 이 험한 비텐베르크 분위기를

견딜 수 있을까 싶거든.

4개월 뒤에는 멜란히톤의 증조부이며, 그를 비텐베르크 대학으로 추천한 로이힐린 박사에게도 감사의 편지를 보냈다.

우리의 필립 멜란히톤 교수.

비범하고 탁월한 사람.

모든 면에서 거의 초인적인 그와 나는

서로 신뢰하며 존경하는 친구가 되었습니다.

시간이 흐를수록 루터는 후배 교수 멜란히톤에게 깊은 애정을 보이며 시기심 없는 경탄을 했고, 멜란히톤은 루터의 투지에 사로잡혀 가기 시작했다.

필립은 교수들 사이에서뿐만 아니라 학생들에게도 최고

로이코레아 바로 옆에 위치한 멜란히톤의 집. 선제후가 특별히 지어 하사함.

의 명강사가 되어, 그의 강의실은 미어터질 정도였다. 유럽으로 그의 명성이 퍼져 나가면서 그의 강의와 세미나에는 2,000명이 넘는 수강생이 모였다. 이는 루터의 수강생보다 많은 것이었다. 나중에 그의 봉급은 일반 교수들의 3배인 일 년에 약 300굴덴[굴덴은 돼지 한 마리 값]으로 비텐베르크 교수 중 최고의 대우를 받았다. 다른 대학에서 멜란히톤을 서로 데려 가려 하자 선제후 프리드리히는 루터의 건의에 따라 평생 그를 비텐베르크에 머물도록 집을 지어 하사했다.

루터의 오른손에 검을 쥐어 준 자: 루터에게 복음을 들은 멜란히톤

나는 루터를 통해 처음으로 복음을 알게 되었습니다.

_필립 멜란히톤

어느 시대를 막론하고 신앙의 오류는 성경에 대한 무지 때문이 아니겠는가! 루터가 처음 성경을 본 것이 에르푸르트 대학 도서관에서였다. 그러나 그것은 라틴어 성경인 불가타Vulgata였다. 불가타도 헬라어 성경의 라틴어 번역본이다.

멜란히톤이 지적했듯이 원전으로 돌아가지 않으면 성경의 저변에서 오류와 미신에 머물 수밖에 없다. 멜란히톤은 "근본으로 돌아가라!"[Ad Fontes!: 아드 폰테스]를 외칠 뿐 아니라, 그렇게 되도록 루터에게 헬라어를 가르치기 시작했다. 루터에게 헬라어 성경 원문을 읽을 수 있게 해 준 장본인은 다름 아닌 헬라어 언어학자인 필립 멜란히톤이었다. 당대 최고의 헬라어 교수가 친구가 되어 루터를 신학의 저변이 아니라 본질을 꿰뚫도록 이끌어 내었고, 그로 인해 루터는 개혁자로 행동할 수밖에 없었다. 그러므로 루터 개혁의 힘은 진리의 근원으로 들어갔을 때 진리가 주는 힘 그 자체라고 할 수 있다.

오늘날 교회 개혁의 힘은 성경으로 돌아가는 것이다. 우리 시대만큼 성경이 많이 보급되어 있는 때는 없었다. 그러나 아이러니하게도 이 시대만큼 성경에 무지한 때도 없다. 성경의 근본이 아닌 성경의 테두리에서 온갖 미신과 거짓 해석이 난무하고 있다. 그래서 교회가 '하나님 앞에 하나님 없이' 살고 있다. 성경이 없고, 성경을 읽지도 듣지도 못했던 중세기만큼 '성경 실종 시대'가 되어 버렸다. 캄캄하고 혼란스럽다. 하나님과 기독교와 교회의 이름을 빌린 장사꾼과 탐욕자들이 현대판 면죄부를 외치고 돈을 긁

어모으며 화려한 건물들을 지어대고 있다.

오늘날 우리는 16세기 종교개혁의 힘을 생각해 보아야 한다. "근본으로 돌아가십시오!"라는 멜란히톤 교수의 외침이 귀를 때린다. 이제 우리는 진리의 테두리를 떠나 깊은 데로 들어가야 한다. 테두리의 소란스러운 몸짓을 그만두고 핵심으로 돌아가야 한다. 교회가 탐욕을 채우는 주식회사가 되어 세상의 풍조를 따라 프로그램을 기획하고, 인맥을 얻기 위한 클럽으로 전락하는 작태를 중지해야 한다. 지금이라도 교회가 모든 요란한 프로그램에서 진리의 핵심으로 돌아간다면, 교회에서 복음의 핵심이 바로 선포된다면, 진리가 힘이 되어 새로운 세기를 여는 문소리가 더욱 힘이 있지 않겠는가!

종교개혁은 진리와 복음에서 시작된다. 복음의 핵심을 발견하는 데 있다. 구원론을 재발견한 것이다. 종교개혁의 5대 S사상은 모두 여기에서 시작되었다.

- Sola Gratia^{오직 은혜}: 오직 하나님의 은혜로 구원을 얻는다. 인간은 전적인 타락으로 인해 구원에 한해서는 전혀 무능하다.
- Sola Fide^{오직 믿음}: 하나님의 은혜를 받는 방편은 오직 믿

음이다. 그러나 이 믿음마저도 사실상 하나님의 선물이다. 믿음은 지식이기도 하지만 관계이다. 하나님의 의로우심에 우리 자신을 온전히 맡기는 것이다.

- Sola Scriptura 오직 성경: 이 믿음은 말씀을 들음으로써 온다. 모든 전통과 권위보다도 성경의 권위를 가장 높은 곳에 두고 그 권위에 겸손하게 순복하고자 하는 개혁자들의 사상이 바로 아드 폰테스에서 나온 것이다.

- Sola Christo 오직 그리스도: 성모 마리아를 믿고 성인들의 중재를 믿으며 면죄부를 팔던 중세의 교회를 향해 하나님과 우리 사이의 중보자는 오직 그리스도 한 분이시라고 설파한 개혁자들은 그리스도의 성육신, 그의 삶, 십자가와 부활로 우리의 구원은 완성되었다고 보았다. "다 이루었다"고 하신 주님의 말씀대로 그리스도의 삶과 사역 외에 어떠한 것도 추가해야 할 필요가 없다는 사도 바울의 가르침으로 돌아간 것이다.

- Soli Deo Gloria 오직 하나님께 영광을: 어떠한 인간도 하나님의 영광을 도둑질해서는 안 된다. 성경은 모든 인간이 죄인인 것을 그대로 드러내 준다. 그래서 성경이다. 아브라함도, 다윗도, 베드로도, 교황도, 마리아도 그 어느 누구도 하나님께 드려져야 할 예배와 존경과 사랑을 받을

수 없다. 오늘날 우리의 조국 교회에서 보는 담임목사의 제왕적 권위나 도저히 말도 안 되는 인간숭배 사상은 기독교에서 나온 것이라기보다는 유교나 샤머니즘에서 나온 것이다.

21세기를 사는 우리는 어디로 돌아가야 할까? 오늘날 우리는 혼돈의 시대에 살고 있다. 포스트모더니즘의 영향으로 모든 것이 융합된 다원주의가 등장하고 있다. 어느 것이 옳은지 감을 잡을 수 없다. 너무나 많은 이론이 현란하게 우리를 유혹한다. 이런 우리에게 멜란히톤 교수는 다시 한 번 도전한다. 하나님께로, 성경으로, 사도들의 가르침으로 돌아가라고….

루터는 멜란히톤에 대해 많은 감사와 칭찬을 아끼지 않았다.

"내게 그리스어를 가르쳐 준 멜란히톤에게 감사한다. 나는 그보다 나이가 많지만 그것이 내게 아무런 장애가 되지 않는다. 나는 모든 교수보다 멜란히톤의 의견을 더 존중한다. 그의 판단과 권위는 저 가톨릭의 에크^{가톨릭의 당대 최고 학자}보다 훨씬 뛰어나다."

멜란히톤도 루터에 대한 존경과 경탄을 아끼지 않았다.

"마르티누스는 내가 표현할 수 있는 것보다 훨씬 위대하고 놀라운 인물이다. 알키비아데스Alkibiadesi: 소크라테스의 제자가 소크라테스에게 찬탄을 금치 못한 것처럼 나도 그러하다. 다만 다른 점은 철학과 신앙이라는 점이다."

그러나 루터는 오히려 "이 작은 그리스인이 신학에서도 나를 능가한다"며 응수했다. 루터가 멜란히톤에게서 그리스어를 배우는 동안, 멜란히톤은 루터에게 개혁 신학을 배웠다. 멜란히톤에게도 루터처럼 복음의 의를 온전히 이해하기까지 힘든 시간들이 있었다. 이때 루터는 스승 슈타우피츠에게 배운 그대로 그의 조언자요, 위로자 역할을 하였다.

"용감하게 죄를 지어라. 하나님께서는 오로지 활발한 죄인만 용서하실 수 있다. 하나의 흠 없는 기록은 모든 죄 가운데 가장 지독한 죄, 곧 교만을 낳는다. 그러므로 때때로 실수가 있어야 겸손하게 된다."

필립은 그의 유언집에서 루터에 관해 다음과 같이 고백했다.

"나는 실로 처음으로 루터를 통해 복음을 배웠다."

멜란히톤과의 우정은 루터에게 엄청난 것을 제공해 주었다. 1518년부터 시작된 히브리어와 그리스어 원어공부를 가르치면서 성서를 원어로 읽을 수 있도록 도와준 것이다. 이렇게 미래의 성서 번역자의 손에 도구를 쥐어 주었고, 스콜라 철학과 교회에 대항하는 투쟁에 발을 붙일 만한 굳건한 기반을 마련해 주었다. 1년 뒤 루터는 헬라어 성서 원전을 해석할 수 있을 정도가 되었다.

멜란히톤은 한걸음 더 나아가 틈만 나면 루터에게 독일어로 성경을 번역해야 한다고 강조했다. 이것이 후에 루터가 바르트부르크 성城으로 유배당했을 때 독일어로 신약성경을 번역하게 된 시발점이다. 루터가 3개월 동안 번역한 신약성경을 멜란히톤이 6개월에 걸쳐 교정을 보고 출판하게 되었다. 9월에 출판되었다고 해서 일명 『9월의 성경』 September testament 이라고도 불리는 최초의 독일어 신약성경이 빛을 보게 된 것이다. 우리가 일반적으로 부르는 『루터 성경』Luther bibel 은 "루터-멜란히톤 성경"Luther-Melanchton Bibel 이라 불러야 마땅할 것이다.

신약성경 출판 이후 루터는 멜란히톤과 함께 유스투스 요나스Justus Jonas, 요하네스 부겐하겐Johannes Bugenhagen 등의 도움으로 구약성경 번역에 착수하여 12년 만에 신구약 독일어 성경을 출간하게 된다.

개혁의 행동가인 루터와 개혁의 기획가인 멜란히톤

루터와 멜란히톤은 외모와 성격에서 두드러지게 대조를 이루었다. 멜란히톤은 작은 체구에 마르고 조용한 목소리를 가졌고 내성적이었다. 그러나 입을 열면 외모와는 다르게 마치 성전에 있던 소년 예수님과 같았다고 루터가 말한 적이 있다. 소란이나 다툼을 싫어하고 신중하며 중재를 좋아했다. 또한 예의를 차렸고 주제를 가진 논쟁에서 끝까지 이성적으로 이끌어 가는 조용한 강인함이 있었다.

반면 루터는 골격이 크고 번득이는 눈빛을 가졌으며 걸음걸이부터 그가 나타나기만 해도 눈에 띄었다. 루터는 큰 소리를 내고 호통을 치는 성격의 소유자였으며, 감정을 있는 그대로 드러내는 편이었다.

루터는 자신을 도끼로 나무를 베어 넘어뜨리고 뿌리 채 뽑아 버리는 사람이라면, 멜란히톤은 그렇게 얻은 땅을 솜씨 좋게 잘 가꾸는 정원사라고 했다. 루터가 정말 신중하고 화해에 능숙한 멜란히톤으로 힘들어했다면, 멜란히톤은 루터의 거칠고 비타협적이며 공격적인 성향으로 고통을 당하기도 했다.

두 사람의 가장 큰 차이점은 한 사람은 앞에서 행동하는 사람이요, 다른 한 사람은 그 행동에 대한 동기를 부여하고 설명하며 정리해 놓는 신중한 학자였다는 것이다. 그런 차이에도 두 사람은 서로를 존경하고, 상대방의 강점과 장점을 잘 알고 있었으며, 그들의 우정은 전 생애에 걸쳐 지속되었다.

필립 멜란히톤 앞에 붙는 수많은 별명 중 루터와의 관계에서 '루터의 그림자'가 멜란히톤을 가장 잘 표현하는 말이 아닌가 싶다. 루터의 거대한 몸집 뒤에 가려져 있었던 멜란히톤은 루터가 개혁할 수 있는 기초^{언어}를 제공했고, 종교개혁 사상을 정리하여 개신교 최초의 교의학 『신학총론』^{Loci communes, 1521년}을 집필했으며, 종교개혁의 정신을 『아우구스부르크 신앙고백』^{Confessio Augustana, 1530년}으로 남겼다. 그는 실로 개신교를 체계적으로 세운 개혁의 제공자요, 추진자요, 기획한 브레인이었다.

독일인의 스승

인류에게 학문보다 더 유익한 것이 또 있을까? 예술이나 공업, 땅이 제공하는 수많은 열매, 심지어 많은 이들이 생

명의 근원이라고 생각하는 태양마저도 학문보다 더 필요
한 것은 아니다.

이 말은 교육자 필립 멜란히톤의 사상을 함축한 표현이다.
그에게 있어 학문은 이 세상과 그의 질서를 이해하는 열쇠
였다. 또 하나님에 대한 신 인식에 관해서도 그러한 태도
를 지녔다. 청소년 때부터 그는 대학에서 학문적인 연구에
몰두했다. 그 당시 인문주의자들이 그의 사상에 매우 큰
영향을 미친 것은 분명하다. 그 유명한 로테르담의 에라스
무스는 멜란히톤의 재능에 대해 그가 어릴 때 이미 인지하
고, 1516년에 다음과 같이 기술했다.

"이 젊은 청년, 아니 이 소년 앞에는 어떤 미래가 펼쳐
질까? 그의 생각과 발견이 얼마나 날카로운가? 그의 언어
는 얼마나 순전한가? 그의 독서는 얼마나 성숙한가? 우리
도 그와 같이 근원적으로 언어를 익히지 않는다면 우리의
생각을 표현하지 못할 뿐 아니라 고대의 문헌을 이해할 수
없을 것이다."

교육가로서 그는, 종교개혁을 학교교육까지 확장시키는
데 큰 공헌을 했다. 그래서 루터의 종교개혁은 교육개혁을
불러일으켰다. 선제후는 이들 개혁자들에게 학교교육의

책임까지 맡김으로써 오늘날 독일교육의 기초를 세웠다. 실제로 오늘날 독일의 교육 시스템은 16세기에 이미 이들에 의해 그 윤곽이 만들어진 것이다.

멜란히톤은 학교의 설립 계획서를 내어 놓고 인가를 주며, 교과서를 집필했다. 또한 교육 프로젝트를 만들고 교사들을 세웠으며 개혁자 동지들과 교육 현장을 순회 방문하여 상황을 파악하고 개선해 나갔다. 그의 탁월한 교육적 · 종교개혁적 마인드는 『신학총론』으로 요약할 수 있으며, 그는 개신교 교육의 아버지이다. 그의 노력은 백성과 종교 지도자들을 무지에서 빛으로 나아오게 했다. 학교와 대학, 교회를 조직하고 그에 상응하는 내부교육이 주어져야 하는 필요성을 이해했으며, 이것이 종교개혁의 중요한 부분이 되었다.

평생을 교육가, 스승, 교수로 머물렀던 그의 최대 사명은 인류가 진리를 알고 가르칠 권리를 되찾아 주는 것이었다. 즉 사람에게 자신과 하나님께로 가는 길을 교육을 통해 바르게 제시하는 것이었다.

그는 학교에서 젊은이들을 방치하고 버려두는 것은 계절의 여왕 봄을 버리는 것이라고 했다. 이 젊은 청년들을 잘 키우지 않으면 교회와 사회는 미래가 없다고 했다. 학문을 연구하지 않으면 끔찍한 어두움이 우리 시민 사회를 뒤덮을 것이라고 그는 말했다.

독일의 스승 멜란히톤은 유럽 곳곳에서 쇄도하는 교육 문제를 실제적으로 풀어 나갔고, 그에 대한 해답을 제공해 주었다. 교육계에서 그의 추천서가 있으면 최고의 신뢰와 인정을 받았다. 평생 그가 주고받은 편지는 9500통이 넘었고, 그곳에 550곳의 장소가 언급되어 있는 것으로 보아 그의 영향력이 가히 어떠했는가를 짐작할 수 있다.

비텐베르크대학은 멜란히톤으로 인해 전 유럽에서 명성을 얻었으며, 학생들은 독일의 여러 지방과 제국에서뿐만 아니라, 프랑스, 영국, 헝가리, 폴란드, 덴마크, 뵈멘, 이태리, 그리스에서까지 왔다. 그의 명성은 독일과 영국, 벨기에 그리고 네덜란드, 프랑스, 이탈리아를 넘어 전 유럽으로 퍼져 나갔다.

종교개혁의 2인자

• 누가 개신교회의 신앙고백서를 처음 만들었습니까?

멜란히톤

- 누가 처음으로 개신교 교회 규정과 학교 규정을 작성 했습니까? 멜란히톤
- 누가 루터 신학의 교과서를 만들었나요? 멜란히톤
- 그런데 왜 우리는 개신교를 루터 교회라고 부릅니까?

그것은 루터가 말한 대로 멜란히톤이 원하지 않았기 때문이다. 그는 그리스도의 교회가 불경한 자신의 이름을 따라 불리는 것을 원하지 않았다. 그러므로 어느 누구도 '멜란히톤의 교회'라는 말을 해서는 안 된다고 말했다. 그만큼 그는 자신을 드러내지 않기를 바랐다.

루터가 강인한 성품이나 독창성에는 멜란히톤을 훨씬 능가했지만 학식과 언어학에 있어서는 멜란히톤을 뛰어넘지 못했다. 멜란히톤은 에크와의 라이프치히 논쟁을 할 때 뒤에서 루터가 해야 할 이야기를 속삭여 주고 쪽지에 적어 전달해 주기도 했다. 화가 난 에크가 고함을 질렀다.

"멜란히톤, 제발 입 좀 다물고 있으시오. 당신은 학문에만 전념하고 제발 끼어들지 마시오. 멜란히톤은 1521년 『신학총론』이라는 책을 썼다. 이 책은 최초의 프로테스탄트의 교의학서라 할 수 있다. 그는 작센에 있는 성직자들에 대한 순회교육을 통해 그 교리를 가르쳤다. 그가 공동

으로 작성한 『아우구스부르크 신앙고백』과 단독 저술인 『변증론』Apologia Confession Is Augustana, 1530 은 중재자로서 그의 성향을 나타냈다.

루터는 아우구스부르크 제국의회에서 로마 교회를 인정한 멜란히톤을 비난했다. 그러나 이것 때문에 그들의 우정에 금이 가지는 않았다. 또 스위스 개혁파들과의 타협과 일치를 위해 수고한 일도 루터와의 우정을 깨뜨리지는 않았다. 성만찬 논쟁에서도 그의 위대한 친구인 루터의 편에 서지 않고 스위스 개혁파 츠빙글리Ulrich Zwingli 의 편에 섰으나 과격하게 말하지 않았고, 이 때문에 불행한 사태도 일어나지 않았다.

그는 1536년 '비텐베르크 신앙 조항'을 작성했다. 이로써 두 프로테스탄트 진영의 갈라진 틈이 매우 힘겹게 감추어졌다. 물론 그의 조용하고 소심한 성격 때문이기도 하지만 그는 화해와 일치를 위한 의지가 있었다. 그 대상이 심지어 자신들을 삼키려는 가톨릭의 세력이라 할지라도 그는 할 수 있는 한 그러한 길을 찾아보려고 노력했다.

루터의 결혼 방해자

학문 연구에 깊이 빠진 젊은 교수 멜란히톤은 누추한 집에서 조수 한 명과 함께 살고 있었다. 전혀 외모에 신경을 쓰지 않았고, 식사나 잠자리도 시원찮아 그를 사랑하는 사람들은 걱정하기 시작했다. 특히 루터의 걱정이 이만저만이 아니었다. 루터는 게오르크 스팔라틴을 통해 선제후가 멜란히톤의 급여를 올려 주도록 요청했으며, 누추한 방에서 지내는 그의 건강이 염려되어 1520년 그를 위해 아내가 될 사람을 찾기 시작했다. 젊은 교수 멜란히톤은 이를 알고 완강히 사양했다.

"주위에서는 나에게 결혼을 하라고 성화입니다. 결혼으로 나의 환경과 형편이 더 나아질 것이라고 말하지요. 그러나 결혼으로 오히려 나의 학문과 사역이 방해받을 것을 잘 알아요. 그런 일은 결코 나에게는 일어나지 않을 것이요."

그러나 그는 동갑내기이며 비텐베르크 시장 딸인 카타리나 크랍과 1520년 11월 20일에 결혼했다. 교육자로서 필립은 가정을 '가정학교'^scola domestica^로 이해했다. 멜란히톤은 찾아오는 학생들과 교수들에게 숙식을 제공하고 멘토로서 가르치며 공동생활을 했다. 특히 독일어를 알아듣지 못하는 유럽 유학생들이 독일어 예배에 참석할 수 없었기 때문에, 그들을 따로 모아 라틴어와 헬라어로 성경을 가르쳐 주었다. 신학 교수이기는 하지만 설교자로서 은사가 없다고 생각했던 멜란히톤은 생애 한 번도 공적인 설교를 한 적이 없었다. 그러나 교육가로서 그는 집을 가정학교와 가정성경방으로 만들어 성경공부에 힘썼다. 아내가 부유한 집 출신이고 본인의 수입이 적지 않았지만, 넘치는 손님으로 늘 빠듯하게 살았다고 한다.

그러나 5년 뒤 루터가 카타리나 수녀와 결혼한다는 소문을 듣고 가장 반대한 사람이 멜란히톤이다. "루터와 헤어지느니 차라리 죽는 것이 더 낫다"고 애정을 표하던 멜란히톤이 루터와 자신 사이에 한 여인이 끼어든 것이 불편했던 것일까? '도망친 수도사와 도망친 수녀의 세기의 결혼'으로 개혁에 오명이 미칠 것을 두려워했던 것일까? 루터의 신부가 루터의 개혁에 장애가 될까 염려했던 것일까?

아무튼 루터가 결혼할 때 그는 강하게 반대했고, 그 충격으로 결혼식에도 참석하지 않았다. 그러나 필립은 14일 후 교회 결혼식에 나타났고, 나중에는 루터 집을 자주 방문하여 한 식구처럼 머물렀다.

개혁 운동의 계승자

멜란히톤은 루터가 없을 때 신학강의를 했고 제국회의 등 수많은 논쟁에서 루터의 대리자 역할을 했다. 루터의 서 거 이후에도 그의 개혁 운동을 이어받아 사명을 감당해야 했다.

루터가 사망한 후 지휘권이 그에게 넘어갔지만 격동기 에 조화와 조정을 좋아했던 멜란히톤은 이 과제를 잘 수행 하지 못했다. 루터의 동지들은 멜란히톤이 가톨릭의 뜻을 너무 많이 받아들였다고 비난했다. 순수하고 섬세한 성품 을 가진 멜란히톤은 계속되는 적대 감정과 이단시하는 행 위 때문에 말할 수 없는 고통을 겪었으며 신학자들과의 논 쟁에서는 죽음을 맛보았다. 그는 어쩔 수 없이 루터의 개 혁 운동을 지휘해 나가면서 두려움과 확신 사이에 늘 서 있었다.

"만일 하나님이 우리를 위하시면 누가 우리를 대적하리 요."롬 8:31

루터의 자리를 대신해야 했던 그에게 로마서 8장 31절 은 그가 평생 붙잡아야 할 말씀이었다.

멜란히톤은 루터가 전개한 위대한 운동의 동지요 동시

에 희생자였다. 멜란히톤은 시끄러운 행동을 싫어했고 평온한 학자 생활을 좋아했다. 그러나 그는 지속적으로 질풍 속에 휩싸여 투쟁해야만 했다. 그는 인문학자였으나 그 시대는 그로 하여금 어쩔 수 없이 논쟁하고 투쟁하는 신학자가 되게 했다.

나이가 들수록 이러한 중압감이 멜란히톤을 힘들게 했고, 그의 내면 세계를 불안하게 만들었다. 고대어 언어학자이자 가장 인기 있는 대학 총장인 그는 조용히 살고 죽기를 바랐다. 그러나 그의 소원과는 달리 그는 불쾌한 신학적 논쟁 사건에 지속적으로 휘말렸다.

멜란히톤은 "루터의 서거 후 슬픔 외에 더 많은 근심과 일들이 나를 누른다"고 고백했다. 루터는 멜란히톤이 자기 뒤를 이어 개혁 운동을 이어갈 것이라 여겼다. 내가 보름스에서 살아서 돌아오지 못한다면 멜란히톤이 이 일을 맡아야 한다고 생각했다. 멜란히톤은 1546년 루터의 서거 후 4년 뒤 소천했으며, 같은 성 교회에 나란히 안장되었다.

루터의 묘

멜란히톤 동상

루터 동상

비텐베르크의 중앙 시청 앞 광장에는 루터와 멜란히톤의 동상이 좌우에 같은 크기로 세워져 있다. 이것은 무엇을 말해 주는가? 루터와 멜란히톤은 삶과 죽음을 함께 나누었다. 그들은 서로 배우고 가르치며 때로는 앞에서 때로는 뒤에서 종교개혁을 이끌어 나갔다.

이들의 동역을 보면 우리는 삼위일체 하나님이 행하셨던 서로 사랑하고 세워 주는 경륜적인 구속사적 순종을 보는 것 같다. 그들의 아름다운 사랑과 동역으로 오늘날 우리 교회는 엄청난 축복을 누리고 있다. 그렇게 거대한 중세 교황의 힘과 또 수많은 음모와 비판과 조롱도 두 사람의 사랑의 연대를 끊어 놓지 못했다.

천 년 동안의 어두움이 이 두 사람의 우정으로 물러가고 새로운 시대가 도래했다. 이 사실이 말해 주는 바는 무엇인가? 우리의 그리스도이신 예수님께서 자신의 제자들에게 친구의 관계 즉 우정을 제시하셨다. 하나님도 아브라함에게 나의 친구라고 말씀하셨다. 따라서 우리는 이 우정의 관계를 이해해야 한다. 성경은 이 관계가 곧 영생이요, 하나님이 우리에게 주시는 복이라고 한다.[시 133편] 그리스도의 사랑과 진리를 중심으로 한 순전한 관계 그리고 단순히 함께 있어도 위로가 되고 기쁨이 되는 관계가 우리의 삶에서 중요하다.

현재 우리는 익명의 시대에 살고 있다. 서로가 서로에게 무관심하고, 만인이 만인을 향해 경쟁의 관계를 만드는 그런 약육강식의 사회의 종말을 우리는 본다. 그럼에도 다른 대안이 없어 그대로 살 수밖에 없다. 나 자신도 이 자본주의 사회에서 원치 않게 그런 선택을 할 수밖에 없을 때가 있다. 그러나 그리스도인에게는 교회가 있고 성만찬이 있다. 몇 명의 친구들과 다윗 · 요나단, 루터 · 멜란히톤, 본회퍼 · 베트게와 같은 우정을 나눈다면 다른 차원의 삶을 살게 될 것이다. 아니, 그 뿐만 아니라 천 년 동안의 역사를 바꾸는 일이 일어날지도 모른다.

3. 빛나는 새벽별, 카타리나 폰 보라

나는 프랑스나 베니스를 준다 해도 카타리나와 바꾸지 않

을 거요.   _남편 루터

도망친 수도사와 도망친 수녀의 세기의 만남

카타리나 폰 보라Katharina Von Bora; 1499~1552는 1499년 1월 29일
리펜도르프의 지방 귀족 가문의 3남 1녀 중 막내로 태어났
다. 다섯 살 때 어머니가 돌아가시자 아버지는 바로 큰 농
장을 소유한 부인과 재혼하셨다. 농장 일에 도움이 되는
세 명의 오빠들은 아버지와 함께 지냈지만, 농장 일에 도
움이 안 되고 문제만 만드는 6살 된 카타리나는, 고모가 교

카타리나 폰 보라

장으로 있는 브레나 수도원 학교로 보내졌다. 딸을 수녀로 만들려고 한 것은 단순히 결혼 지참금으로 돈이나 토지를 주지 않아도 되었기 때문이었다.

열여섯 살이 되었을 때 카타리나는 마리엔트론 수도원에서 수녀가 되겠다고 서원했다. 고모가 원장 수녀였고, 또 다른 고모가 수녀로 함께 있었다. 원장 수녀인 고모는 주교와 늘 부딪치면서도 수녀원을 여학교처럼 교육에 중점을 두고 운영하고자 했다. 덕분에 수녀원에서는 수녀들이 얼마든지 자기 의견을 말할 수 있었다. 바깥세상에서는 여자들이 그렇지 못했다. 바깥세상에서는 여자들이, 비록 귀족의 자제라해도 문맹이었던 반면, 카타리나는 수도원에서 읽기, 쓰기, 산수를 원장인 고모에게 배웠고, 오빠들도 배우지 못한 라틴어, 의학, 농학, 맥주 양조법, 음악까지 익혔다.

어느 날 이곳 수녀원까지 비텐베르크 성경교사인 루터박사가 주장한, 사람이 하나님께 직접 기도할 수 있고 교황이나 주교, 사제와 같은 중재자가 필요하지 않다는 문서

가 전해졌고, 95개 논제를 성 교
회 정면에 붙였다는 이야기가 들
려왔다. 루터 문서를 접한 수녀
들은 흥분했고, 열두 명의 수녀
들은 루터 박사에게 편지를 써서
이 수도원에서 벗어나게 해 달
라고 요청했다. 루터 박사가 수
녀들에게 그들의 탈출을 도와주

루터 하우스 정원에 있는
카타리나 동상

겠다고 답장을 보내왔다. 루터는 토르가우Torgau 의 시의원
인 레온하르트 코페Leonhard Koppe에게 부탁하여 청어상자 열
두 개를 수도원에 신고 와서 야밤에 수녀들을 그 안에 넣
어 탈출시켰다. 그때가 1523년 4월 5일이었다.

수도원 탈출은 잡히면 바로 사형에 처하는 중한 죄였다.
청어상자에 갇혀 청어가 된 수녀들은 수도원 탈출에 성공
했다. "죽음을 무릅쓰고 결혼하고 싶어서 수도원을 탈출했
다"는 비방이 쏟아졌다. 최대의 스캔들이 터진 것이다. 수
녀복에 샌들을 신고 청어냄새를 풍기며 세상을 나온 스물
네 살의 카타리나 수녀와 친구 수녀들이 비텐베르크에 나
타났다. 목숨을 걸고 수도원을 탈출한 카타리나와 수녀들
의 탈출을 도운 거룩한 강도루터의 표현인 40세 노총각 마르틴

루터 박사와의 첫 만남은 이렇게 이루어졌다.

남편을 직접 고른 여자

마르티누스 박사님을 택하겠어요.　　　　_카타리나 폰 보라

루터는 탈출한 수녀들의 숙소 문제를 해결하고 먹을 것과 입을 것, 결혼까지 책임져야 했다. 다른 수녀들은 각자가 짝들을 찾아 자기의 갈 길을 떠났지만 카타리나만은 혼사가 잘 풀리지 않았다. 화가 루카스 크라나흐Lucas Cranach 집에 머물던 카타리나는 뉘른베르크 귀족이던 한 학생과 사랑을 나누는 듯했지만 신랑될 사람은 부모의 반대에 부딪혀 떠나갔다.

그 후에는 나이든 한 교수를 소개받았는데 그녀는 그를 단번에 거절했다. 그를 사랑하지 않기 때문에 죽어도 그 사람과는 결혼할 수 없다고 했다. 당시 순종적인 중세 여인들을 생각해 볼 때 이는 상상치도 못할 파격적인 반응이었다. 루터는 친구 암스도르프Amsdorf를 보내 그녀를 책

망하며 순종을 요구했다. 그러나 카타리나의 대답은 완강했다.

> "그만하세요.
> 그렇다면 나도 루터 박사의 말을 빌릴 수밖에 없네요.
> 나는 취소할 수 없습니다.
> 나는 여기에 서 있을 수밖에 없습니다.
> 그 노 박사와는 결코 결혼하지 않습니다.
> 오! 주여 나를 도우소서! 아멘."

루터의 부탁으로 카타리나를 찾아온 암스도르프는 기가 막혔다.

"당신은 결혼해야 하오. 혼자서 지낼 수는 없지 않소. 당신과 결혼할 사람이 아무도 없다오."

"제가 언제 결혼을 안 한다고 했습니까? 농부 가문의 출신이며 제멋대로 수도원을 도망쳐 나온 루터 박사를 택하겠어요. 저는 그래도 귀족 출신이거든요."

당시 루터는 아우구스테움Schwarz Kloster에서 혼자 살고 있었다. 원래 이 건물은 대학 부속 건물로 교수들인 아우구스티누스 수도사들이 기거하던 곳이었다. 루터는 슈타우피츠를 따라 비텐베르크로 온 뒤 줄곧 이곳에서 지냈다. 그러나 슈타우피츠가 떠난 후에는 우중충하고 큰 아우구스테움에서 혼자 살고 있었다.

카타리나의 용기에 놀란 마르틴은 몇 번이나 목욕을 하고 토르가우 맥주를 마신 후에 카타리나와의 결혼을 결심했다. 친구들은 "맙소사, 이 여자하고는 절대 안 돼!"라며 그 결혼을 말렸다. 멜란히톤의 반대가 가장 심했다. 친구 스팔라틴은 좀 더 시간을 두고 판단하라고 조언했다.

루터는 "오늘 일을 내일로 미루지 마라. 늑장을 부리다가 한니발은 로마를 빼앗겼고, 에서는 장자권을 놓쳤지. 하나님의 선물은 그것이 날아들어 올 때 당장 받지 않으면 안 돼"라며 결혼을 감행했다.

이때는 농민 전쟁의 폭풍우가 갓 지난 1525년 6월 13일이었다. 루터의 나이는 42세였고, 카타리나의 나이는 26세였다. 언제 죽을지도 모르는 루터는 본인이 말한 대로 악마와 교황을 놀라게 하고, 한 여인에게 신분을 부여해 주며, 부모님의 소원대로 대를 이를 손자와 손녀도 안겨 주기 위해 결혼을 했으리라. 무엇보다 아무도 결혼하려고 하지 않았던 카타리나와 결혼함으로 '탈출수녀 문제'를 마무리 짓고 싶었으리라.

남편의 주치의

> 나를 위해서가 아니라 온 세상을 위해 당신을 간호할 거
> 예요.　　　　　　　　　　　　　　　　_카타리나 폰 보라

루터는 22세에 수도원 생활을 시작하면서 금식과 고행, 철
야, 심한 노동으로 몸이 망가져 있었다. 머리부터 발끝까지
성한 곳이 없었다. 일 년 내내 이부자리를 바꾸지 않을 채
칙칙한 수도원에서 외롭게 살고 있었다.

결혼을 하자마자 카타리나가 제일 먼저 한 것은 낡아빠진
짚으로 만든 자루인 매트리스를 불에 태우고 침구를 마련
한 일이었다. 편안하게 숙면을 취하도록 따뜻한 온수욕을
하게 했고 땀을 내도록 뜨거운 맥주를 마시게 했으며 기관
지 치료를 위해 뜨거운 공기를 들이키도록 했다. 수녀원에
서 배운 마사지를 해 주고 약초로 건강식품을 만들어 먹였
다. 여자들이 결혼하면 든든한 보호자를 얻는다고 하지만,
카나리나는 여자들이 결혼하면 남편에게 얼마나 손이 많

이 가는지, 보호자를 얻기는커녕 돌봐야 하는 큰아들을 하나 얻은 것 같다고 말했다.

카타리나가 루터 친구들에게 인정을 받는 데는 오랜 시간이 걸리지 않았다. 결혼 후 얼마 되지 않아 루터가 죽을 정도로 심하게 앓았다. 카타리나는 "나뿐만 아니라 전 세계를 위해 당신을 살리겠어요"라며 밤잠을 가리고 않고 극진하게 간호했고, 그 덕에 루터는 다시 건강을 회복했다. 하나님의 벌을 받은 것이라던 대적자들은 카타리나에게 마녀가 마술을 사용했다며 헛소문을 퍼뜨리고 괴롭혔다. 그러나 카타리나는 두 사람 사이에 반드시 괴물이 태어날 것이라는 수군거림에도 아랑곳없이 남편의 건강에 모든 정성을 기울였다.

루터는 결석증, 소화불량, 불면증, 이명, 두통, 치통, 우울증, 신경통, 중이염, 변비, 치질을 달고 사는 병 덩어리였다. 이명耳鳴이 시작되면 전 세계 교회 종소리가 다 울리는 듯한 귀울림으로 고통당했다. 콕콕 찌르는 결석의 고통도 늘 따랐다. 사단의 송사와 함께 감당할 수 없는 우울증이 습격하면 거의 제정신이 아니었다.

카타리나의 극진한 간호가 없었다면, 루터는 오래 살지 못했으리라. 그녀의 아름다운 내조가 없었다면 하루에 몇 번씩 설교하고, 강의하고, 책을 쓰고, 집에서 가르치고, 서신을 쓰고, 대적자들과 대항하며, 남편과 아빠로서, 또 개신교의 아버지로서 교회를 갱신하는 불사조와 같은 개혁자의 삶을 살 수 있었을까?

카타리나는 루터의 육적 건강뿐 아니라 그가 영적으로 낙심하고 괴로워할 때에도 재치 있는 행동으로 그를 돕고 위로했다. 그녀는 실로 하나님께서 루터에게 주신 돕는 배필이었다.

집을 떠나 있으면 루터는 아내를 무척 보고 싶어 했고 그녀의 보살핌을 그리워했다. 그는 갈라디아서를 "나의 카타리나 폰 보라"라고 부름으로써 그녀에 대한 최대의 경의를 보냈다.

카타리나의 상복 이야기

루터가 낙심하여 모든 것을 포기하고 좌절하고 있을 때 어느 날 그의 앞에 카타리나가 상복을 입고 나타났다. "누가 돌아가셨느냐?"라고 묻는 루터의 질문에 그녀는 "하나님이 돌아가셨습니다."라고 말했다. 이 말을 들은 루터가 화를 내면서 "무슨 쓸데없는 소리를 하냐?"라고 소리를 치자 그때 그 아내가 말하기를 "만약에 하나님께서 죽지 아니하셨다면 당신이 이렇게 좌절하고 낙심할 이유가 무엇이냐?"며 루터에게 용기를 주어 일하게 했다.

헤픈 루터와 알뜰한 주부 카타리나

선제후는 루터의 결혼을 축하하며 거처하고 있던 아우구스테움을 선물로 하사했다. 21년 된 큰 수도원 건물은 낡아빠져 있었다. 지붕은 비가 새고, 문과 창문은 제대로 닫히지도 않았으며, 우물은 막혀 있었고, 정원은 돌보지 않아 엉망진창이 되어 있었다.

수녀였던 아내는 지참금 하나 없이 결혼했고 신랑 루터가 가진 것이라고는 책뿐이었다. 루터는 수많은 책을 저술했지만 인세 하나 받지 않으면서 출판업자들만 부자로 만들어 주었다. 경제와 소유의 개념이 없는 루터는 교수 월급 외에는 어떤 수입도 없었지만 나누어 주는 씀씀이가 컸다. 결혼식에는 여기저기서 돈이 들어오고 은주전자와 같은 선물을 받았지만 남은 것은 하나도 없었다. 남편은 가난한 학생들에게 나눠 주기 바빴고, 카타리나는 어쩔 수 없이 숨기기에 바빴다. 심지어 루터는 카타리나가 숨겨 놓은 것까지 찾아 몰래 주기도 했다.

한번은 루터를 존경하는 마인츠 주교가 큰돈을 결혼 선물로 보냈다. 루터야 주교의 돈을 받을 리 없었으나, 아내는 이 돈을 몰래 받아 수도원을 수리하고 싶었다. 이를 알게 된 루터는 화를 내며 카타리나와 크게 싸웠다. 루터는 수도원 수리가 필요하다는 생각도 없었는데, 더욱이 주교의 돈을 받아 수리한다는 것은 받아들일 수 없는 일이었다. 그러나 아내는 냄새나는 돈도 거룩한 일에 쓰이는데 이게 뭐 어떠냐는 식이었다.

카타리나는 화가 난 남편을 설득했다. 수도원을 잘 꾸미고 수리하여 학교와 기숙사로 만들어 비텐베르크의 영적 중심지로 만들자고 제안했다. 그리고 루터의 도움 없이 혼자 운영할 수 있다고 장담했다. 루터는 카타리나의 설득을 이길 수 없었다. 기도의 사람이었던 루터에게 기도제목이 하나 더 생겼다.

1504년에 지어졌다. 1508년 9월부터 이곳에서 루터는 스승 슈타우피츠와 함께 지냈다. 1525년 결혼한 아내 카타리나와 가정을 이룬 곳이다. 카타리나의 수고로 최초의 목사관이요, 35년간 종교개혁의 산실이 되었다.

"아내 카타리나를 이길 수 있는 지혜를 주시옵소서."

루터의 방은 깨끗해졌고, 루터의 가정은 화목했다. 카타리나는 정원을 가꾸고, 우물을 수리하며, 동물들을 키우고, 밭을 만들어 채소를 길렀다. 가난한 교수의 식탁은 풍성해졌다. 카타리나는 선제후로부터 맥주 조제 허가를 받아 남편을 위해 직접 맥주를 제조했다.

카타리나는 오빠들로부터 유산의 몫인 윌스도르프 과수원을 매입했다. 소와 돼지, 닭과 오리를 키우며 도살도 직접 했다. 각종 과일나무를 심고 물고기 연못을 만들었다. 새벽에 일찍 일어나는 아내를 보고 남편 마르틴은 '비텐베르크의 새벽별'이라고 불렀고, 카타리나Katharina의 애칭 케테Käthe를 케테Kette, 쇠사슬이라는 뜻라고 놀리며, '쇠사슬 여주인님'이라 부르기도 했다.

최초의 목사관 사모님

루터는 하나님의 진리를 따라 한 여인의 남편이 되었고, 세 명의 아들과 딸을 얻었다. 그러나 여느 집처럼 두 자녀는 일찍 세상을 떠났다. 한 아내의 남편이요, 아빠로서 루터는 가정을 아주 사랑했다. 루터는 라우테^{중세의 기타와 비슷한 악기} 연주를 즐겨했다. 루터가 연주를 하면 아이들은 노래를 불렀고, 카타리나는 즐겨 들었다. 친구 멜란히톤은 그 자리에 단골로 끼었다.

아내 덕분에 사과나무를 심고 과수원 일도 도우며 루터는, 자연과 동물들과 친해졌다. 아이들을 위해 직접 시와 동화를 썼고 여행 중에는 아내와 아이들에게 편지를 보냈다. 집으로 돌아올 때는 선물도 사 들고 왔다.

루터는 천부적으로 달변인 아내와 농담을 나누며 남편에 대한 공경에도 불구하고 쉽게 순종하지 않고 따지는 아내를 존경했다. 탈출한 수녀들은 모두 교육 수준이 높았지만 특히 카타리나는 신학에 관심이 많았고 박식하여 비텐베르크 대학생들조차 놀라워했다. 루터는 그녀를 여 박사님이라 불렀다.

루터는 여섯 자녀 외에 여섯 명의 조카들을 같이 키웠다. 그 외에도 수많은 병자들, 핍박으로 오갈 데 없는 성도들, 학생들, 유명인사, 망명자, 방랑자들이 루터 집에 오고 갔다. 그래서 식탁에는 항상 25-50여 명이 모여 식사를 했다. 루터의 식탁은 학생들이 묻고 루터가 답변하는 토론장이 되었다. 그런 대화를 모아 놓은 것이 그 유명한 루터의 『탁상설교』^{Tischrede}이다.

종교개혁이라는 전쟁터에서 가정을 통해 받은 힘과 위로를 루터는 이렇게 고백했다.

"지상에서 가정보다 더 사랑스러운 것은 없다."

루터의 가정은 루터 개인에게도 큰 행복이었지만 개신교 최초의 목사관이요, 모델이 되었다. 독일의 개신교 목사관은 신앙을 실천하는 새 하늘과 새 땅의 본보기요, 학교로서 큰 영향력을 발휘했다. 독일 민족이 지금까지 배출한 이름난 학자, 시인, 예술가들의 세 명 중 한 명이 개신교 목사관에서 자랐다는 것은 암시하는 바가 크다. 개신교 목사관 설립은 루터 부부의 업적 중 하나이다.

1527년 흑사병이 돌아 멜란히톤과 부겐하겐 등 루터의 친구들이 비텐베르크대학을 예나로 옮겨, 시를 떠나야 했을 때, 이들 부부는 신실하게 비텐베르크를 지켰다. 그들은 네 번의 흑사병이 번질 동안 한 번도 교회를 떠난 적이 없었다.

당시 법은 여인에게 재산을 상속하는 것을 허락하지 않았으나, 58세를 넘긴 1542년 1월 루터는 아내를 위해 유언

장를 남겼다.

나, 마르틴 루터 박사는 사랑하는 아내 카타리나가 평생
생활할 수 있도록 아래의 재산을 넘겨 줄 것을 자필로 고
백한다.

내가 구입하여 관리해 온 윌스도르프의 농장
부루노 집
잔들과 보석들, 반지들, 기념주화, 금은 주화들

그 이유는 다음과 같다.

1. 경건하고 신실하며 거짓 없이 나를 사랑해 주고 소중하
   게 여겨 주었으며, 다섯 명의 자녀를 선물해 주고 양육해
   주었다.
2. 내가 알기에도 450굴덴이나 ^{더 이상일 수도 있음} 되는 나의 빚
   을 그녀가 대신 감당해야 하기 때문이다.
3. 그 무엇보다도 나는 그녀가 아이들에게 도움을 받기보
   다 아이들이 그녀에게 도움을 주고 그녀를 존경하며 하
   나님께서 명하신 대로 순종하기를 바란다. 자녀들이 경

건할지라도 그들이 장성하여 가정을 꾸리고, 어머니가 과부가 되었을 때, 사단이 자녀들을 사악하고 시기심에 사로잡힌 자들을 통해 계명에 불순종하도록 얼마나 충동질하는지 나는 많이 보아 왔고 경험했다. 아이들을 위해 어머니가 최상의 후견자이어야 하며, 어머니는 자신의 피와 살이며 가슴으로 감당해 온 아이들의 유익을 위해 헌신하도록 한다.

나는 그녀가 나의 죽음 이후에도 우리 아이들을 위해 어머니로서의 역할을 다할 것이며 신실하게 아이들을 보살펴 줄 것이라 믿는다. 또한 선제후께서 은혜를 베풀어 주사 유산들이 잘 보존될 것이라 생각한다.
나의 친구들에게 부탁하노니 사랑하는 나의 아내 편에서 주고 옹호해 주며 쓸 데 없는 소문과 불행한 일로부터 든든한 보호막이 되어 주기를 바란다.

62세 생일을 11일 넘긴 루터가 1545년 새해 고향인 만스펠트^{Mansfeld}의 백작 형제의 소송 문제를 돕기 위해 떠났다. 2월 1일에 도착하여 쓴 편지는, 2월 6일, 2월 7일, 2월 10일, 2월 14일에 아내 카타리나에게 편지를 보내며 그녀를 칭한 명칭들이다.

"나의 사랑하는 아내, 루터 카타리나 박사님께, 돼지 농장
여 사장님, 박식한 카타리나 루터 여사, 나의 고마운 아내
에게, 거룩하고 섬세한 아내, 나의 따뜻하고 친절하며 사랑
스러운 아내 카타리나 루터 폰 보라, 설교자, 농부 아줌마,
정원사."

아내에게 보낸 루터의 마지막 편지

"사랑하는 카티,
주님 안에 은총과 평화를 비오.
하나님께서 허락하시면
이번 주 내로 집에 돌아가기를 바란다오.
하나님께서 우리에게 큰 은혜를 베푸셨소.
두 백작 형제가 다시 화해하고 형제의 의를 회복했다오.
오늘은 두 형제를 초대할 작정이요.
그들은 이제까지 말도 나누지 않고 지내고 있었소.
이제 그들은 기쁨으로 같이 썰매를 타고,

백작 부인들은 서로 어울려 함께 놀이를 하기도 하오.

하나님이 기도의 응답자라는 것을

사람들은 반드시 기억해야 하오.

백작 부인께서 기쁜 마음으로 보내 준 숭어를

당신에게 보내려고 하오.

우리 아들은 만스펠트 동생네에 있다오.

동생이 잘 챙기겠다고 하오.

우리는 이곳에서 지극한 환영을 받으며

먹을 것과 마실 것을 잘 대접받고 있어요.

비텐베르크 당신을 잊을 것 같소.

담석도 나를 찌르지 않아요.

다만 유스투스 요나스 박사의 다리가

시커멓게 썩어 가고 있소.

무릎 아래 다리에 구멍이 생겼소.

그러나 하나님께서 도와주실 것이오.

이 모든 것을 필립 멜란히톤에게 알려 주시오.

마르틴 루터 박사가 실종됐다는 소문이 돈다는군요.

멍청한 이들이 그런 이야기들을 만들어 내오.

어떤 이들은 황제가 쳐들어온다고도 하기도 하고,

어떤 이들은 프랑스군이 온다고도 하고….

그러나 그들로 하여금 마음껏 떠들고

헛소리로 노래를 부르도록 해요.

하지만 오직 우리는 하나님이 하실 일을 바란다오.

하나님께 의탁하며….

서거 후 루터는 수도원 자택을 아내에게 유산으로 남겼으나 당시 법으로는 아내가 아닌 아들에게 유산이 상속되어야만 했다. 카타리나는 포기하지 않고 법정에서 싸워 소송에서 이겼고, 결국 유산법이 바뀌었다. 이 일로 "어머니는 일곱 자녀를 키울 수 있어도 일곱 자녀는 어머니를 부양할 수 없다"는 유명한 판례를 남겼다.

1552년 12월 루터는 비텐베르크 도시에 흑사병이 돌아 고향인 토르가우로 피신 가던 중 마차가 넘어졌는데 그 후로 그는 다시 일어나지 못했다. 남편의 서거 후 6년 뒤, 카타리나는 53세의 나이로 토르가우에서 소천하여 토르가우 성 마리아 교회에 묻혔다.

우리는 마태가 복음서를 기록하면서 예수님의 족보에 여인들의 이름을 기록한 것을 잘 알고 있다. 이는 그 당시의 유대인들의 사고로는 도저히 상상할 수 없는 파격적인 일이었다. 예수님의 열두 사도 옆에는 부활의 첫 증인 막달라 마리아가 있었다. 옥합을 깨뜨린 마리아는 복음이 전해지는 곳마다 기념되고 있다. 마찬가지로 천 년의 역사를 바꾼 위대한 종교개혁의 현장에서도 카타리나 폰 보라라는 여인의 이름은 영원히 기억되어야 할 것이다.

조국의 개신교 역사에 새벽 기도의 무릎을 꿇은 한국의 어머니들이 기념되어야 할 것이다. 한국 교회는 더욱더 이 '사모님'들의 사랑에 빚진 교회이다. 하나님의 역사에서는 우리가 알지 못하는 수많은 어머니, 누님, '사모님'들로 인해 역사가 바뀌고 시대가 변화되었다.

이사야는 유다의 몰락을 지적할 때 여인들에 대해 이렇게 언급했다.

시온의 딸들이 교만하여 늘인 목, 정을 통하는 눈으로 다니며 아기작거려 걸으며 발로는 쟁쟁한 소리를 내는도다. 그들의 장식은 발목 거리와 머리의 망사와 반달 장식과 귀고리와 팔목 고리와 얼굴 가리개와 화관과 발목 사슬과 띠

와 향합과 호신부와 반지와 코 고리와 예복과 겉옷과 목도
리와 손 주머니와 손 거울과 세마포 옷과 머리 수건과 너
울이다. ^{사 3:16-23 인용}

여인들이 거룩할 때 그 시대는 희망이 있다. 하나님 나
라의 진행 과정에서 여인들의 희생과 동역이 없는 역사의
진행을 우리는 상상할 수 없다. 그 위대한 여인들을 대표
해서 카타리나 폰 보라는 종교개혁의 진주요 루터가 그렇
게 불렀듯이 비텐베르크의 빛나는 새벽별로 불려야 한다.

4. 지혜로운 후원자, 프리드리히 데어 바이제

루터와 떨어지시오! 이를 거절한다면 당신은 지상에서의 처벌과 이후에 오는 영원한 불을 피하지 못할 것이요. 교황과 황제의 칼맛을 보기 전에 회개하시오.

_교황 하드리아누스

우리의 믿음에는 마르틴 루터 박사가 가져온 빛이 오랫동안 결핍되어 있었소.   _선제후 프리드리히 데어 바이제

16세기 신성 로마 제국에는 황제 선출에 참여할 권리를 지닌 제후가 일곱 명 있었다. 트리어, 마인츠, 쾰른 대주교, 작센의 프리드리히 3세^{Friedrich der Weise; 1463-1525}, 라인의 팔라틴 백작, 브란덴부르크, 보헤미아 선제후^{選帝侯}이다. 그중 작센의 프리드리히 3세는 황제 후보로 가장 떠오르는 인물이

었다.

작센 선제후 프리드리히 3세는 토르가우의 하르텐펠스 궁전에서 1463년에 태어났다. 23세에 그는 부친의 후계자로 작센의 선제후 자리를 계승하게 된다. 온건하고 평화를 추구하며 당대의 다른 제후들보다 백성을

프리드리히 데어 바이제

아주 평화롭게 통치했다. 동시에 지략과 외교력으로 제국의 개혁을 이루고자 했다. 황제였던 루드비히 3세와 막시밀리안 1세가 죽자 프리드리히 3세는 가장 강력하고 존경받는 제후로서 신성로마제국의 황제도 될 수 있었다. 그러나 스스로 이를 거절하고 스페인의 합스부르크 출신인 카알 황제 선출을 도왔다.

청년 시절 결혼하지 않고서도 서자가 세 명이나 있을 정도로 방탕한 생활을 했지만, 교황의 신실한 순봉자로 독신으로 지내면서 성인 숭배와 성물 숭배를 하며 중세적인 경건을 철저히 지키던 인물이었다. 일반적으로 제후의 생활이 폭음, 폭식, 파티로 이루어졌으나 그는 술에 취하지 않았다. 여러 제후들이 경계를 넓히고 자신의 위엄을 유지하

는 것이 최고 관심이었던 반면 그는 '믿는 제후로서 나의 임무는 무엇인가?'를 고민하는 경건한 제후였다.

그의 소중한 취미는 제국으로 여행하면서 성물들을 모아 수집하는 것이었다. 심지어 성지 예루살렘까지 간 적도 있었다. 작센 제후의 성城은 성유물 전시로 유명했고 일년에 한 번 만인성인절에 내어 놓고 면죄를 선포하며 많은 돈을 모았다. 그 많은 돈은 로마 교황에게 보내졌고 작센 공국의 건축 사업비용으로 충당되기도 했다.

그는 당시 소읍이었던 비텐베르크에 성을 세우고 엘베 강 다리를 놓으며 무엇보다 비텐베르크대학을 세운 설립자이다. 프리드리히 3세는 설립 동역자인 슈타우피츠 박사가 급여를 줄 필요 없는 수도사들을 교수로 영입하자는 감언이설에 설득당해 루터를 교수로 초빙했는데 이것이 세기를 바꾸는 무대가 되었다.

장학금을 준 프리드리히 선제후와 평생 교수직을 약속한 루터

선제후 프리드리히 3세는 1487년, 엘베 강의 다리를 건설하고 1490년에 성벽을 쌓으며 연이어 제후의 궁전과 성 교회를 건축했다. 1502년에는 대학을 세우고, 1504년에는 대학 교수진들을 수용할 아우구스티누스 수도원을 지었다.

1508년 루터는 슈타우피츠의 강력한 추천으로 비텐베르크의 철학 교수로 오게 된다. 동시에 신학생으로 공부하면서 1년 뒤 신학사Baccalarius biblicus 학위를 받았다. 슈타우피츠의 강력한 추천으로 선제후의 장학금을 받게 된 루터는 박사 과정을 밟게 되고, 1512년 신학 박사Doctor Theologiae 가 되어 성경 강의를 맡게 되었다. 설교자로서 루터는 시민들과 궁전에서도 매우 강력한 영향력을 얻었으며, 교수로서 대학 전체에서 가장 사랑받고 인기 있는 교사가 되었다. 젊은이들이 열광적으로 그의 강의를 듣기 위해 모이고 낡은 스콜라 철학 교과서를 집어 던지며 성서 연구에 몰두하기 시작했다. 비텐베르크의 신학 연구의 변화 소식은 급속하게 전파되었고, 루터의 지도 아래 공부하고 싶어 하는 수도사들이 사방에서 몰려들어 더 이상 수도원에 그들을 수용할 수 없는 상황이 되었다.

슈타우피츠와 스팔라틴의 강력한 추천으로 루터에게 박사 과정 장학금을 주면서 시작된 작센의 최고 통지자인 프리드리히 3세와 광산촌 출신 무명의 수도사의 인연은 이렇게 시작되었다.

처음에 제후는 루터에 대해 매우 냉정했다. 그러나 시민들과 학생들의 긍정적인 반응을 얻게 되자 점차적으로 루터를 향한 그의 마음은 따뜻해졌고, 호의와 존경은 날로 커 갔다. 슈타우피츠의 추천으로 루터의 박사 학위 장학금을 후원했으며, 루터는 이로서 평생 비텐베르크대학 교수로 남을 것을 약속했다.

도망자 루터와 지혜공 프리드리히 선제후

루터의 95논제가 로마로 보내지면서 그는 2개월 내로 로마 교황청의 이단소에서 심문을 받아야만 했다. 루터가 로마에 가게 되면 100년 전 체코의 후스가 그랬던 것처럼 장작더미 위에 불살라질 것은 분명했다. 프리드리히 3세는 지혜로웠다.

겉으로는 교황을 거슬리지 않으면서 루터를 보호할 합리적인 근거를 마련했다. 즉 루터가 독일 사람으로 최소한 독일 땅에서 심문을 받아야 한다는 것이었다. 이를 강력히 요구하고 관철시킴으로 루터가 로마로 소환되지 못하도록 막아 신변을 보호해 주었다. 루터는 로마의 이단 심문소

대신 남부 독일 아우스부르크로 소환되어 교황 대사인 카에탄과 논쟁을 하게 된다.

이 논쟁 후 로마 교황 측은 당장 루터를 묶어 로마로 보내든지 제국에서 추방하라고 압박을 넣었다. 여기에 응하지 않는 것은 이단자를 옹호하는 것밖에 안 되었다. 프리드리히 3세는 이만저만 난처하기 짝이 없었고, 그의 고민은 이루 말할 수 없었다.

루터가 3대 논문인 「그리스도인 귀족에게 보내는 글」, 「그리스도인의 자유에 관하여」, 「교회의 바벨론 포로상태」를 쓴 이후 로마에서는 그가 60일 내로 이것들을 철회하지 않으면 파문을 선고한다는 칙서가 내려졌다.

그러나 경건한 선제후는 루터의 3대 논문들을 통해 복음을 이해하고 확신하게 되었다. 그는 다음과 같이 고백했다 "루터는 우리에게 빛을 가져다주었고 우리는 생명을 얻게 되었으나 유감스럽게도 우리의 옛 신앙은 너무 오랫동안 그것을 모르고 있었다."

지혜로운 제후는 로마 호송보다는 제국 추방령이 더 낫다고 판단했다. 하지만 할 수 있다면 추방도 막아야 했다. 정 안 되면 루터에게 은닉처를 만들어 줄 계획이었다. 한편으로는 교황에게 루터를 위한 청원서를 올렸다.

"…제게 유일한 목적이 있다면 그리스도인다운 제후의 직분을 다 이루는 것입니다. 그를 로마로 보내거나 추방하는 문제는 그가 이단의 정죄를 받은 다음에라야 취할 행동인 것 같습니다. 어떤 점에서 그가 이단이라고 지적되어야 합니까? 그전에는 임의로 정죄하는 일이 없어야겠습니다."

지혜공 프리드리히는 신학적인 근거가 아니라 법에 근거하여 공정하게 먼저 들어주고 판단하자는 것이었다.

"독일인은 누구나 그 지위의 높낮이를 가릴 것 없이 독일 밖에서 심문받을 수 없다. 피고의 이야기를 들어 보지 않고 공민권을 박탈해서는 안 된다"는 주장을 내세웠다.

프리드리히 제후는 루터 박사의 견해에 동조하는 것이 아니라 자신은 단지 공정한 청문회를 요구할 뿐이라고 덧붙였다. 만약 이 수도사가 올바른 절차에 따라 자신의 입장을 밝힌 다음 정죄를 받는다면 자신이 제일 먼저 그를 체포하는 임무를 수행하겠다고 아첨을 떨었다.

최고의 권력자인 교황과 힘없는 한갓 무명의 수도사의 싸움에서 루터가 다치지 않도록 이끌어 낸 그의 정치적인 노련함과 외교적인 지혜는 실로 그가 지혜공이라 불리도록 했다. 사람들은 이런 그를 프리드리히 데어 바이제

Friederich der Weise, 지혜공 라 일컬었다.

시골 수도사를 민족의 영웅으로 올려놓은 후원자

지혜공은 황제를 설득하여 청문회 없이 루터를 정죄하지 않을 것이라는 약속을 받아냈다. 심지어 제국의 황제가 초청 절차를 공식적으로 밟도록 했다. 황제로 하여금 소환 초청장을 보내게 하고 황제의 전령관이 비텐베르크로 와서 마차로 루터 박사를 직접 모셔 가게 했다.

이렇게 하여 프리드리히는 이 문제를 한 수도사가 아닌 모든 그리스도인과 독일 민족의 이슈로 이끌어 내는 데 성공했다. 이는 작센의 선제후 프리드리히의 뛰어난 정치적 수완이라 할 수 있겠다.

일개 수도사에 불과했던 루터를 제국회의에 세우므로 제국의 인물로 만들었고 루터가 추방당하는 것을 막기 위해 보름스 제국회의에서 시간을 끄는 등 프리드리히 선제후는 최선을 다했다. 루터는 1차 질문에서 시간을 달라고 요청하고 2차 질문에서 명확히 답변을 했다. 여섯 명의 선제후 중 네 명은 황제의 편이었지만 선제후 프리드리히는 앞으로 다시 삼 일간 보름스에 머물며 논쟁을 지속해 달라고 하면서 시간을 벌었다.

선제후는 시간을 더 이상 끌 수 없었고, 루터가 황제의 제국 추방령을 받는 것을 더 이상 막을 수 없었다. 그렇지만 그는 앞으로 계속 루터를 보호해 주기로 결심했다. 그러나 비텐베르크에서는 당분간 불가능했다. 왜냐하면 루터가 그곳으로 돌아오면 황제는 그의 신변 인도를 요청할 것이고, 선제후는 그것을 거부할 수 없기 때문이었다. 그러므로 선제후는 그의 참모들에게 파문된 자를 은밀하고도 안전한 장소에서 지낼 수 있도록 임무를 주었고, 선제후 자신도 루터가 어디에 갔는지 더 이상 알고자 하지 않았다. 이로써 선제후는 부득이한 경우 루터의 체류지에 대해 아무 것도 모른다고 말할 수 있었다.

제후의 비서실장과 참모들은 바르트부르크 성을 루터의 은닉 장소로 정했다. 보름스에서 돌아오는 도중 루터의 고향과 멀지 않은 알레슈타인이라는 곳에서 습격 작전으로 루터를 납치했다. 그렇게 루터의 십 개월의 유배생활은 시작되었다.

그러나 루터의 이 유배생활은 개신교 역사에 있어서 가장 중요한 시간이었다. 바로 그 때문에 독일어로 번역된

성경이 만들어졌기 때문이다.

지혜공의 보호가 아니었다면 루터는 자기 목숨을 지켜낼 수 없었고 장작더미에서 한줌의 재로 사라질 처지였다. 루터에게는 가장 혐오스러운 이단자라는 죄목이 적용되었고, 다음과 같은 황제의 칙령이 뿌려졌기 때문이다.

> "마르틴 루터에게 집이나 거처를 주지 말고 먹고 마실 것을 주지 말며, 은밀하게 또는 공개적으로 그를 지지하지 마라. 그에게 어떤 도움이나 지지나 보호하는 행위를 보여주지 마라. 오히려 여러분은 그가 당도하여 발을 들여 놓은 곳에서 그를 체포하여 우리에게 보내라. 여러분은 루터의 모든 추종자, 보호자, 후원자들을 이와 같은 방식으로 다루어야 한다. 즉 그들을 쓰러뜨리고 감금시키며 주저하지 말고 그들의 재산을 몰수하여 여러분의 유익을 위해서 소유하고 사용하라."

위대한 종교개혁의 역사에서 한 정치가가 쓰임 받은 것이 시사해 주는 바는 하나님은 모든 분야의 사람들을 필요로 하신다는 것이다. 중세의 절대 권력자 교황에 대항하여 루터를 도운 그를 평가할 때 여러 측면에서 의견을 개

진할 수 있겠지만 우리는 가장 먼저 그가 하나님께 은혜를 입어 위대한 역사에 쓰임 받은 믿음의 사람임을 의심하지 않는다. 하나님은 모든 사람에게 은사와 지위와 부와 권력과 재능을 각각 다르게 주신다. 우리는 그 받은 은사와 부와 재능을 하나님 나라의 발전과 건설을 위해 사용하는 것이다. 신학자가 정치가가 되어야 할 이유가 없다. 경영자가 목사가 될 필요도 없다. 종교개혁이 남긴 중요한 유산인 "만인제사장"의 진리가 이 역사의 현장에서 그대로 드러난 것이다. 루터는 모든 그리스도인은 자신의 직업을 통해 자신이 하나님께 받은 은혜를 조금이라도 갚아야 한다고 말하면서 모든 직업이 성직임을 말했다.

지혜공 프리드리히는 그의 지위상 루터와 직접적인 우정은 나누지 못했다 하더라도 여러 측면에서 그를 돕고 그를 후원한 가장 강력한 실제적인 후원자였다.

5. 제후의 참 모습, 요한 데어 베스텐디게

작센의 선제후 요한은 성령의 사람이라고 나는 확신하오.
그는 아우구스부르크 제국회의에서 그의 믿음을 증거했오.

_마르틴 루터

그리스도인 제후의 참 모습

요한 데어 베스텐디게[1468-1532: Johann der Beständige]는 프리드리히
데어 바이제의 6살 어린 동생이며 후계자이다. 1468년에
출생하여 그의 형의 뒤를 이어 1525년 선제후에 즉위했다.
그는 집권하기 전부터 형보다 더 자주 루터와 서신을 교환
하며 루터의 가르침을 철저하게 받아들였다.

선제후가 되었을 때 더 이상 성물 숭배나 성인 숭배를 지속하지 않았다. 그에게 있어 하나님의 말씀보다 거룩한 것은 아무 것도 없었다. 요한은 그의 시대의 모든 영주 중에서 그리스도인 영주의 이상과 가장 일치했다.

루터는 제후들에게 백성을 하나님께서 맡겨 주신 영혼으로 생각하고, 그들의 아버지가 되어 엄격하지만 진정으로 아버지와 같은 호의를 품고 다스리며, 그들의 육체적이고 정신적 행복을 조성해 주기 위해 끊임없이 노력하라고 요구했다. 이와 같은 영주의 의무에 대한 관점이 요한에게 살아 있었고, 요한은 그 나라의 아버지가 되고자 했다. 그는 영토 곳곳에서 종교개혁을 일으켰다. 또한 제후들의 모임에서 루터의 기르침을 받아들이도록 결정을 관찰시켰다. 그는 1530년 아우구스부르크 제국의회에서 신학자들보다 더 확신에 차서 자신의 입장을 표명한 종교개혁 제후이다.

6. 정치가와 개혁자의 다리, 게오르크 스팔라틴

나의 노련한 참모, 스팔라틴은 종교개혁의 역사책에 황금
펜으로 기록되어야 한다.   _마르틴 루터

사생아에서 작센 공국 최고의 실세로

게오르크 스팔라틴^{Georg Spalatin: 1484-1545}은 남부 독일의 뉘른베
르크 근교 슈팔트^{Spalt}에서 루터가 출생한 다음해인 1484년
에 태어났다. 슈팔트는 로마교황령에 속한 독립 시^市로 가
톨릭 주교 마을이었다. 게오르크 부카르트는 그 마을의 한
사제와 미혼모 사이에 태어난 사생아였다. 나중에 당시 인
문주의자들의 관례를 따라 고향 슈팔트의 이름을 빌려 게
오르크 스팔라틴으로 불렸다.

게오르크 스팔라틴

그는 1498년에 명문 에르푸르트대학에서 학사 학위를 받았고, 1502년에 비텐베르크대학이 문을 열자 첫 입학생으로 석사 과정을 밟았다. 비텐베르크대학 1기 석사 학위자 중 수석으로 졸업했고, 다시 에르푸르트 대학에 들어가 법학과 신학을 마쳤다.

1508년 스팔라틴은 작센 공국 왕자^{선제후의 조카}들의 궁정 교사로 초빙되어 비텐베르크로 오게 되었다. 왕자들의 가정교사인 그에 대한 제후의 신임은 날로 커졌다. 선제후의 돈독한 신망을 얻으며 그는 4년 후 제후의 궁정과 대학 도서관의 모든 책과 기록 문서를 총괄하는 책임자가 되었다. 다시 2년 뒤에는 궁정 신부요 수석 보좌관으로 위촉되었다. 스팔라틴은 신성로마제국의 최고 제국회의는 물론, 모든 행사에 제후를 밀착 수행하는 제후의 그림자요 중요한 국가 업무를 맡은 작센 왕국의 브레인이었다. 동시에 선제후의 고해성사를 맡은 신부로서, 선제후가 모든 것을 털어 놓고 가장 신뢰하는 신하요 영적 스승이었다. 나이 많은 선제후는 거의 모든 일을 스팔라틴의 판단에 맡겨 처리했고, 그에게 전적인 신뢰를 보냈다. 비텐베르크대학 교수 선발에 대한 인사권을 가진 막후의 실세 권력자였다. 선제후에게 정치적·영적 참모인 그의 입김은 대단했다.

한 손으로는 제후를, 다른 한 손으로는 루터를 움직인 사나이

선제후 프리드리히와 루터 사이에 평생 주고받은 말은 스무 마디가 채 되지 않는다고 한다. 이는 둘 사이에 거의 직접적인 만남이나 접촉이 없었다는 말이다. 그 당시에는 공국의 최고 통지자인 프리드리히 제후와 일개 평민 출신인 루터 교수가 만날 수 있는 기회는 사실상 없었다.

그러나 루터와 스팔라틴 사이에는 400여 통이 넘는 서신이 오고 갔다. 요즘말로 하면 전화와 메일을 수없이 주고받았던 것이다.

루터가 신학 박사가 된 1512년에 스팔라틴은 대학 도서관 총괄 책임자로 오게 된다. 루터는 1512년부터 시편과 바울 서신을 집중적으로 가르쳤고, 3년 뒤에는 로마서 강의를 했다. 그는 그 당시 복음에 대한 깊은 이해와 로마서 1장 17절을 통한 큰 영적 경험을 하고 있었다. 1517년에는 자연스럽게 95논제를 내놓게 되었고, 당시 교회의 커다란 이슈였던 면죄부를 포함한 신학적 오류에 대한 토론을 제시했다. 이는 학자로서 당연한 것이기도 했다. 성 교회 입구에 95논제를 붙이는 못질은 깜깜한 중세를 깨우는 새벽의 종소리가 되어 온 세상을 뒤집어 놓았다.

스팔라틴은 루터의 사상을 예리하게 꿰뚫으면서 루터를 지지했다. 선제후는 비서실장이요 참모였던 스팔라틴을 통해 궁정의 바깥소식뿐 아니라 스팔라틴이 루터를 지지하고 있다는 의견도 들었다. 그 당시 비텐베르크를 작센 공국의 수도로 건설하기 위해 많은 돈이 필요했던 선제후는 성물 전시회를 열기도 하고, 또 면죄부 판매를 통해 교황의 충성스러운 신하로 그의 심기를 만족시키기도 했다. 비텐베르크의 종교개혁은 열기가 무르익어 갔지만 여전히 가톨릭 신자였던 선제후는 꼼짝도 하지 않았다. 그러나 스팔라틴의 영적·정치적 조언으로 선제후는 루터를 받아들이게 되었다. 스팔라틴의 중간 역할로 루터는 모든 필요한 정치적 보호와 경제적 후원까지 받게 되었고, 급기야는 작센 공국의 영적인 아버지로서 복음의 진리를 선포할 수 있게 되었다.

온갖 위협 속에 사라질 종교개혁이라는 물살을 살리기

위해 제후를 설득하고 개혁의 물살을 보호하며 진행해 나
간 영적 참모인 게오르크 스팔라틴 비서실장, 촌각을 다투
는 생명의 위협 속에 루터가 보호받고 개혁의 길을 이루어
가도록 도와준 제후 프리드리히 이들의 역할은 정말 중요
했다.

스무 마디도 주고받은 적이 없는 이 둘이 어떻게 서로를
알고 그런 강력한 지원이 이루어질 수 있었겠는가. 그것은
당연히 프리드리히 제후의 노련한 비서실장 스팔라틴이
두 사람 사이에서 가교 역할을 잘했기 때문이다.

한 손으로는 프리드리히 제후를, 다른 한 손으로는 루터
를 조정하면서 개혁의 흐름을 주도한 자, 게오르크 스팔라
틴. 그의 이름과 그의 사역은 실로 루터의 고백대로 종교
개혁의 역사에 마땅히 황금 펜으로 기록되어야 할 것이다.

강도단 습격 음모의 주동자이면서 지략가였던 스팔라틴

보름스 제국회의 후 루터에게 추방령이 떨어져 목숨이 경
각에 달렸을 때 스팔라틴은 '강도단 습격 음모'를 꾸며 선
제후에게 제안했다. 선제후에게 재가만 받고 나머지 모든

것은 스스로 계획하고 이를 수행했다. 루터의 은닉 장소를 선제후에게도 비밀로 했는데, 그것은 선제후와 황제 더 나아가 교황과의 관계를 고려했기 때문이다. 그는 탁월한 지략가였다.

루터를 바르트부르크 성으로 숨겨 십 개월의 긴 기간 동안 보호하고 핍박의 바람이 지나갈 때까지 기다린 것도 모두 그의 지략에서 나온 것이다. 루터가 수녀들을 탈출시킬 때도 제일 먼저 스팔라틴에게 알렸고, 수녀들의 입을 것과 먹을 것도 그로부터 후원받았다.

루터와 선제후와의 만남은 종교개혁이 성공할 수 있었던 중요한 요건 중 하나였다. 그러나 스팔라틴 없이 이들의 만남은 생각할 수 없는데 이 두 거장의 만남을 주선한 사람이 스팔라틴이다. 그는 오늘날의 말로 하면 정부 관료 즉 공무원이다. 그는 그가 지니고 있는 직위와 재능을 루터라는 위대한 하나님의 사람을 위해 기꺼이 사용했다. 그는 루터의 비범함을 알아본 사람 중 하나이다. 자신의 출세에 눈이 멀어 시대의 흐름을 파악하지 못하는 관료들, 정치가들, 행정가들에 비해 스팔라틴은 루터와 개혁자들의 안전과 그들의 학문적인 발전을 위해 모든 지원을 아끼지 않았다.

오늘날 우리도 이처럼 가능성이 있는 친구를 지원하여 이 사회와 하나님의 나라에 유익한 일을 할 수 있다면 얼마나 보람된 일일까? 사도 바울을 발견하고 역사의 무대로 이끌어 낸 바나바, 그를 위해 다시 2인자가 된 바나바, 그의 위대성은 새삼 강조하지 않아도 되리라.

하나님의 나라는 이런 사람들의 것이다. 스팔라틴도 그 중 한 사람인 것이 틀림없다. 그런 하나님의 사람들은 새 하늘과 새 땅의 역사에 루터가 말한 대로 마땅히 황금 펜으로 기록될 것이다.

7. 종교개혁의 화가, 루카스 크라나흐

자네는 늘 비텐베르크 수도사 자랑을 그치지 않네그려.

_크라나흐의 친구들

루카스 크라나흐^{Lucas Cranach; 1472-1553}는 1475년 남부 독일 크로나흐^{Kronach}에서 출생했다. 그는 루터보다 13세 연상의 화가이다. 화가인 부친 밑에서 그림을 배우고, 29세에 빈^{Vienna}으로 가서 그림을 공부했다. 1505년에 궁정화가로 프리드리히 데어 바이제 제후의 초청을 받아 비텐베르크로 오게 된다.

고타 시장 딸이었던 바바라 브렌게비어^{Barbara Brengebier}와 결혼했고, 화가로서 물감 제조에도 뛰어났으며, 화학자로서 그는 약국도 경영했다. 탈출한 수녀 카타리나가 머물 곳이

루카스 크라나흐

없을 때 2년 동안 자기 집에 데
리고 살았으며, 약국의 일을 돕
도록 했다. 이것은 나중에 카타
리나가 남편 주치의로서의 역할
을 하는 데 큰 도움을 주었다.

크라나흐의 부인은 카타리나
에게 큰언니와 같은 존재였고,
루터 부부의 결혼 증인이었다.

루카스는 책밖에 없는 신랑과 빈털터리 수녀의 결혼식을
준비해 주었고, 루터 장남 한스Hans가 태어났을 때 대부가
되어 주기도 했다. 출판사를 열어 개혁 문서를 전파했고,
1537년부터 7년간 비텐베르크 시장으로서 재직했다. 그
는 81세에 바이마르Weimar에서 서거했다. 5명의 자녀 중 차
남도 유명한 화가였는데, 아버지를 이어 궁정 화가로 활동
했다.

루카스는 그림을 그리는 예술가였다. 루터는 저술을 했
고, 루카스는 그것을 그림으로 나타냈다. 대부분의 사람
들이 글을 알지 못하던 그 시절에 루카스는 루터의 복음
을 그림과 조각으로 표현해 냈다. 루터가 번역한 성경에

필요한 그림을 그렸고, 동시에 출판업자로부터 개혁 문서와 성경을 출판했다. 루터가 1522년 아이젠나하 바르트부르크 성에서 신약성경을 독일어로 번역한 것을 크라나흐는 자신의 돈을 들여 인쇄기를 사고 자신의 작업실에서 인쇄하여 출판했다. 이것이 그 유명한 『9월 성경』으로, 그림이 있는 성경이다. 『9월 성경』은 초판 3,000부를 찍었는데 한 권에 1,5굴덴^{현 시세 75만 원} 정도로 고가였음에도 3개월만에 다 팔렸다. 그 해 12월에 수정 보완하여 2쇄에 들어갔다.

종교개혁이 성공할 수 있었던 중요한 이유 중 하나가 구텐베르크의 인쇄술 발명이었다는 것은 누구나 인정하는 바이다. 루터의 책자가 인쇄업자들을 통해 널리 배포되었는데 루터의 95논제는 루터의 허락 없이 인쇄되었고, 날개 돋친 것처럼 팔려 나갔다. 화가였던 루카스는 색깔이나 물감 등을 제조하고, 약국을 운영했으며, 인쇄소를 차렸다. 나중에는 서점까지 하면서 비텐베르크의 두 번째 부호가 되었다. 그의 그림까지 넣은 성경 출판은 인기가 있었고, 이 책들은 독일의 전역뿐만 아니라 유럽으로까지 퍼져 나가 일반 사람들에게도 복음이 전해졌다. 또한 루터를 민족의 영웅을 넘어 세기의 영웅으로 만들었다. 그가 이런 일을 할 수 있었던 이유는 그의 직업이 화가였고 돈이 많은 출판업자였기 때문이다. 하나님은 각 분야에 당신이 쓰시고자 할 사람을 다 준비해 놓으시는 창조자요, 위대한 전략가이시다.

루카스 크라나흐의 그림을 보면 그가 개혁 사상을 빠르고 정확하게 이해했으며, 자신의 믿음을 그림으로 잘 표현했다는 것을 알 수 있다. 그는 개혁자들과 그들의 삶과 사상을 그림으로 고스란히 표현해 주었다. 1522년 루터의 성경은 그 표지에 크라나흐의 그림을 넣어 출판되었다. 평

공개적으로 고해받는
부겐하겐 담임목사

시 교회에서 말씀을
전하는 루터

예수님의 최후 만찬에
참여한 루터

평신도인 멜란히톤이 세례를 베푸는 모습(좌)
시 교회 성도들(가운데)
앞줄에 루카스 크라나흐와 루터 가족들(우)

생 그린 5,000여 점의 그림 중 현재 약 1,000여 점이 남아
있다.

몇 년 전 영국 BBC 방송에서 기자들이 본 지난 천 년
을 움직인 100인 시리즈를 방영했다. 100번부터 1번까지
거슬러 올라갔는데 세 번째로 중요한 인물이 개혁자 마

르틴 루터였다. 우리는 당연히 루터가 가장 중요한 첫 번째 사람일 것이라 생각했는데, 그 예상이 빗나갔다. 두 번째는 만유인력 법칙을 발견한 뉴턴이었고, 첫 번째는 바로 구텐베르크였다. 왜 그럴까? 기자들은 지난 천 년간 역사가 발전한 가장 중요한 요인을 지식의 축적으로 보았다. 그 지식이 축적된 가장 중요한 사건이 인쇄술의 발견, 즉 책의 출간이었다. 아마 오늘날의 관점으로 보면 인터넷을 통한 지식의 공유가 이와 같은 비중일 수 있겠다. 따라서 출판업자 크라나흐와 개혁자 루터와의 만남은 성령의 인도하심이라 말해도 무리가 없을 것이다. 그리스도교는 책의 종교이다. 말씀의 종교이다. 따라서 그리스도인들에게 무엇보다도 책은 중요하다. 그림과 음악, 문학 이 모든 문화를 통해 그리스도의 복음이 온누리에 퍼질 것이다.

8. 종교개혁의 실천가, 요하네스 부겐하겐

포메라누스는 멜란히톤에 다음가는 성서신학자요, 지상에서 제일가는 시편강해자라 일컬음을 받을 만하오.

_마르틴 루터

요하네스 부겐하겐Johannes Bugenhagen; 1485-1558은 루터보다 2년 뒤인 1485년에 북독일 포메른Pommern의 볼린Wollin에서 시장의 아들로 태어났다. 그라이프스발트Greifswald에서 대학을 졸업하고, 트레프토 안 데어 레가 시립학교 교장으로 재직했으며, 1509년에는 신부가 되었다.

누가 이따위 책을 쓴 거요?

요하네스 부겐하겐

어느 날 동료 신부들과 함께 저녁식사를 하던 중『교회의 바벨론 포로』De Captiviate Babylonica Ecclesiae 라는 루터의 책에 대해 처음 듣게 되었다. 책을 뒤적거려 보던 그는 도저히 북받쳐 오르는 화를 참지 못하고 "도대체 누가 이따위 책을 쓴 거요?"라고 고함을 지르며 책을 땅바닥에 내동댕이쳤다. 그는 흥분을 가라앉히고 책을 주어 다시 차근차근 읽었는데 그는 마음속으로 이 '이단자'의 말이 옳다고 인정하기 시작했다. 그러면서 루터에게 편지를 쓰게 되었고, 루터는 답변으로『그리스도인의 자유』Von der Freiheit eines Christenmenschen 라는 또 다른 책을 보내 주었다.

1521년 3월, 요하네스 부게하겐은 36세에 모든 직위를 버리고 학생 신분으로 루터에게 가르침을 받기 위해 서둘러 비텐베르크로 갔다. 그러나 루터는 코앞에 놓인 보름스 제국회의에 가야 했다. 그가 그곳에 가면 살아서 돌아올지 알 수 없었다. 부겐하겐은 보름스 제국회의가 무사히 끝나기를 바라며 루터를 기다렸다. 그러나 루터가 돌아오는 길에 괴한들에게 잡혀 죽었다는 소문이 파다했다. 멜란히톤 교수는 루터를 찾아온 부겐하겐을 자기 집으로 초대하여 머물게 하면서 루터 대신 개혁신학에 근거한 은혜의 복음을 가르치기 시작했다.

비텐베르크대학의 시편강좌 담당교수였던 루터가 바르트부르크 성에서 돌아오지 못하고 은닉생활이 길어지자 당장 겨울학기 강좌를 폐강할 처지였다. 멜란히톤은 집중강의를 통해 개혁신학에 목말라하던 부겐하겐을 가르쳐 그가 시편강좌를 맡도록 했다. 그 해 11월, 겨울 학기부터 부겐하겐은 루터가 하던 시편강좌를 맡게 되었다.

1522년 3월 루터가 일 년 만에 돌아왔을 때 부겐하겐의 강의 실력을 알게 되었고, 루터는 선제후에게 부탁하여 그가 정식 교수로 급여를 받을 수 있도록 조치했다. 루터는 그를 비텐베르크에서 두 번째 가는 신학 교수첫 번째는 필립 멜란히톤로 인정했다. 또한 부겐하겐이 시편강해서를 출판했을 때 서문에 "지상에서 제일가는 시편강해자"라는 칭송을 아끼지 않았다.

최초의 개신교 목사

비텐베르크 시에는 원래 두 개의 성당이 있었다. 귀족들을
위한 성 교회와 서민들을 위한 시 교회였다. 중앙광장에
서 있는 시 교회는 성모 마리아를 기념하여 헌당한 것으
로 마리엔 성당이라 불렸다. 비텐베르크의 개혁 운동과 함
께, 시 교회 담임목사로 루터는 부겐하겐을 추천했다. 이는
1523년에 있었던 일이다.

요하네스 부겐하겐은 라틴어 예배와 성만찬을 독일어로
드린 세계 최초의 개신교 목사이다. 라틴어 미사에 참석
했던 '평범한' 회중들은 아무도 그 내용을 이해하지 못했
고, 예배는 형식적이요 의식 예전 중심이 될 수밖에 없었
다. 그러나 부겐하겐의 헌신으로 말씀이 중심이 되는 개신
교 예배의 모습이 갖추어지기 시작했다. 그는 설교를 통해
개혁 교리와 서민들의 실제 생활이 일치하도록 애를 썼고,
그러다 보니 그의 설교는 길어질 수밖에 없었다. 부겐하겐
목사는 독일어 예배뿐만 아니라 개혁 교회 규정을 작성하

여 교회 조직을 근본적으로 개혁했다. 그는 종교개혁 교리를 배우고 이해한 것을 삶과 목회 현장에서 실천하려고 노력한 하나님의 사람이었다. 그가 작성한 교회법은 북부 독일과 덴마크, 스칸디나비아 반도까지 개혁의 물결을 확장시키고 뿌리를 내리는 데 큰 역할을 했다. 부겐하겐 목사의 용기와 도전은 루터를 위로하고 그에게 힘을 실어 주었다.

개신교의 교회 조직과 예배와 성찬, 세례 이 모든 예전을 바꾸고 그것을 함부르크, 뤼벡의 독일 북부와 덴마크까지 전하고 실천한 개혁자 부겐하겐 덕분에 오늘날 우리는 주일마다 하나님의 말씀을 모국어로 들을 수 있는 놀라운 특권을 누렸다. 이런 축복을 누리는 수많은 그리스도인 중에 부겐하겐의 이름을 알고 있는 사람은 몇 명이나 될까?

1523년부터 루터는 시 교회의 성

부겐하겐이 시무한
개신교 모 교회인 비텐베르크 시 교회

도로서 부겐하겐 목사의 긴 설교를 기쁨으로 듣는 진지한 청중이었으며, 설교를 길게 한다고 자주 놀려대는 친구이기도 했다. 루터보다 2살이 어렸지만 그는 루터가 개혁으로 나타난 원치 않은 결과로 온갖 죄의식을 느끼며 고통당할 때마다 고해 목사요, 친구로서 그의 고민과 갈등을 듣고 고통에 동참하며 그 마음을 위로해 주었다.

그런 부겐하겐 목사의 말을 루터는 때로 천사의 음성, 또는 하늘에서 하나님이 직접 말씀하신 것을 듣는 것 같다며 고마워했다. 유머가 풍부하고 재치 있던 시 교회의 담임목사는 자주 우수에 빠지는 루터를 웃게 만들며 위로해 주었다. 루터는 포메른이 고향인 요하네스 부겐하겐을 '포메라누스'Pomeranus; 포메른 사나이라 부르며 우정을 표하기도 했다.

루터의 청년 시절에 요한 폰 슈타우피츠 박사가 그의 정신적 고통을 감당해 주었다면, 1523년부터 그의 서거까지 루터의 정신적 고통을 완화하고 위로하는 것은 부겐하겐 목사의 몫이었다. 그는 실로 큰 탁월한 상담자요, 위로자였다. 그는 넓은 가슴으로 영혼의 상처 때문에 아파하는 루터와 많은 신도를 위로하고 하나님의 말씀 안에서 안식을 얻도록 하는 오늘날의 말로 하면 최고의 심리학자요, 상담학자였다. 목회가 말씀만 전하는 것이 아니라 성도들의 영혼을 싸매고 치료하며 건강하게 하는 전인 치유의 과정이라는 것을 실천으로 보여 준 영성의 사람이 요하네스 부겐하겐 목사였다.

부겐하겐은 많은 사람이 반대하던 루터와 카타리나의 결혼을 집례했으며, 루터 자녀들에게 세례를 주고 그들의 대부가 되어 주었다. 루터가 서거했을 때 장례예배를 집례했고, 후에 남은 카타리나 폰 보라와 루터 자녀들을 특별한 용기와 충절로 보살펴 주었다.

요하네스 부겐하겐의 루터 장례예배 설교 첫 부분

사랑하는 친구들!

지금 나는 진심으로 사랑하는 아버지 마르틴 루터 박사를 축복하며 임종설교를 하고자 합니다.

그러나 무엇을 어떻게 말해야 하는지요.

나는 울음을 터뜨리지 않고는 한마디도 할 수가 없습니다.

누가 당신들을 위로할 수 있겠습니까?

어디로 당신들을 행하게 할 수 있을까요?

나의 설교로 더욱 여러분들을 슬프게 하고

울게 할 것 같습니다.

우리가 어찌 슬퍼하지 않을 수 있겠습니까?

지극히 고귀하고 존경받을 만한 마르틴 루터 박사를

하나님께서 우리에게서 데려가셨습니다.

……

이 설교에서 볼 수 있는 것처럼 루터에 대한 그의 사랑과 존경은 깊었다. 그 마지막 설교에서 그는 루터를 요한계시록 14장에 나오는 바벨론에 복음을 선포하는 천사로 비유하며 존경을 표현했다. 그는 루터가 카타리나와 그의 자녀들을 맡길 수 있는 신실하고 믿을 만한 하나님의 사람이었다.

내가 세상을 떠날 때 나의 아내와 자녀를 맡길 수 있는 친구가 있다면 얼마나 좋을까? 그렇게 말할 수 있는 친구가 진짜 친구 아닐까? 그런 점에서 루터는 정말 행복한 하나님의 사람이었다. 온 세상이 그를 교회를 배신한 악마요, 이단자라고 했기에 그는 언제나 생명을 내놓고 살아야 하는 처지였다. 하지만 부겐하겐과 같은 친구가 있었기에 그는 개혁자의 사명을 다할 수 있었다. 1544년 부겐하겐은 그의 고향인 포메른의 공작으로부터 카민의 주교로 청빙을 받았다. 그로서는 최대의 명예로운 지위였는데도 불구하고 그는 루터를 떠날 수 없다는 이유로 이 제안을 거절했다. 그만큼 그는 루터와의 우정과 개혁 신앙을 존중했다. 1558년 비텐베르크에서 서거했으며, 그의 몸은 시 교회에 안장되었다.

9. 루터의 수행 비서이자 영적 아들, 유스투스 요나스

그는 나랑 장난도 잘 치고 농담도 잘하지.   _마르틴 루터

인문주의자에서 개혁자로

유스투스 요나스Justus Jonas; 1493-1555는 루터의 출생보다 10년 늦은 1493년에 북부 독일 노르트하우젠Nordhausen에서 출생했다. 그는 수재 필립 멜란히톤에 버금가는 영재이다. 17세에 명문 에르푸르트 대학에서 문학 석사 학위를 받았다. 루터가 비텐베르크에서 신학 박사 과정을 시작한 1511년에, 그도 비텐베르크대학으로 와서 법학 공부를 시작했다. 그러나 루터와의 직접적인 만남은 없었다. 유스투스 요

유스투스 요나스

나스는 이 기간 동안 슈타우피츠의 제자이며 루터의 신학 박사 과정 동기인 벤제스라우스 린크Wenzeslaus Linck 박사의 설교를 자주 듣게 된다. 그는 1515년에 에르푸르트로 돌아가서 법학 교수와 에르푸르트 대성당 신부가 된다. 1519년 27세에는 에르푸르트 대학 총장으로 선출된다.

유스투스 요나스는 마르틴 루터와 직접적인 교제가 있기 전에 루터와 친분이 있는 벤제스라우스 린크, 요한 랑에, 게오르크 스팔라틴과 먼저 알고 지냈다. 특히 요한 랑에 아우구스티누스 수도원에 2년간 머물면서 마르틴 루터를 알게 되고 나중에 루터를 따라 비텐베르크로 와서 개혁의 동지가 됨를 통해 마르틴 루터와 점차 교제하게 되었다.

비텐베르크 개혁자들의 영향으로 유스투스 요나스는 인문주의자에서 개혁자들의 동지요, 법학에서 신학으로 그의 관심을 바꾸었다. 1521년 성 교회 책임자가 서거하자 친구 스팔라틴이 루터와 멜란히톤의 동의를 얻어 선제후에게 추천하여 성 교회의 목사가 되었다. 성 교회 책임자로 그의 집은 성 교회 바로 맞은편에 있다.

언어의 귀재: 라틴어를 독일어로, 독일어를 라틴어로

요나스는 1517년 루터의 라틴어로 된 95논제를 독일어로 번역함으로써 이 논제가 독일 전역으로 퍼져 나가는 데 큰 영향을 주었다. 그는 탁월한 언어 실력으로 루터와 멜란히톤의 저술을 독일어와 라틴어로 번역하는 일을 했다. 그의 번역은 원문을 훼손하지 않으면서도 풍성한 어휘력으로 원문의 의미를 승화시켜 개혁자들의 저술이 대중 속으로 흡수되도록 만들었다. 그리하여 루터 성경의 구약 번역 과정에서도 뛰어난 실력을 발휘했다.

성직자의 결혼 지지자

루터의 95논제를 적극적으로 지지하던 비텐베르크대학 총
장 바돌로매우스 베른하르디Barthomaeusus Bernhardi는 1521년에
최초로 성직자 독신 원칙을 깨고 결혼했다. 그 후에는 안
드레아스 보데슈타인 교수가 결혼했고, 그다음으로는 유
스투스 요나스가 결혼했다. 이런 일이 일어나자 "신부가
결혼해도 되느냐, 안 되느냐?"하는 논쟁이 사방에서 불같
이 번졌다. 점차 결혼하는 성직자들이 생기면서 일 년 뒤
에는 그들에게 생활비를 지불하는 것을 금하는 칙령이 내
려졌다. 요나스는 강하게 비판했지만 독신인 선제후도 양
보하지 않았다.

요한 파브리라는 이가 성직자 결혼을 반대하는 문서를
발표하여 루터 교리에 시비를 걸자 답변할 경황이 없었
던 루터는 이 일을 유스투스에게 맡겼다. 유스투스 요나스
는 『성직자의 결혼에 대한 변론』Adversus Joannem Fabrum Constantiensem
Vicarium, scortationis … defensio, 1523이라는 책을 쓰게 되는데 이 책은
베스트셀러가 되었다.

성직자 결혼을 지지하는 대변자로서 요나스는 가정을
'ecclesiola kleine Kirche', 즉 작은 교회와 학교로 제시했다.

그는 열세 번째 아이를 낳으면서 아내가 죽자 재혼을 했다. 그리고 57세에 세 번째 결혼을 했다. 그는 가정생활을 통해 믿음을 배우고 십자가를 배우며 사랑을 배워야 한다고 설파했다. 즉 그는 가정을 교회로 보았다. 대부분의 그 당시 인문주의자들이 여성을 비하하는 발언들을 많이 했으나 그는 목회자들이 오히려 가정생활을 통해 그리스도를 배우고 사랑을 배울 수 있다는 성경적인 개념을 지니고 있었다. 요나스 부인과 루터 부인 간에도 각별한 우정을 나눈 것으로 전해진다.

요나스는 비텐베르크대학 신학부 교수로서 멜란히톤과 함께 대학 개혁을 추진했다. 성 교회 미사를 개신교 예배로 바꾸는 개혁 규정을 만들었으나 선제후에 대한 배려로 실행하지 못 하다가, 마침내 루터의 강력한 주장으로 1525년 처음으로 개신교 예배를 드렸다.

1521년에 보름스 제국회의에 동행하면서 그곳에서 루터가 어떻게 행동했는지를 공식적으로 알렸다. 이후로 요나스는 루터의 공식적인 수행비서가 되었다. 그는 루터를 신실한 친구이며 사랑스러운 아버지라 불렀다. 루터는 요나스 없이 여행을 간 적이 없었다. 요나스는 루터의 영적 아들이기도 했다. 멜란히톤과 함께 종교회의에 갔다가 멜란히톤이 곧 죽을지도 모르는 중병에 걸리자 루터에게 바로 이 사실을 전함으로 루터가 와서 멜란히톤을 도울 수 있게 만든 이도 바로 유스투스 요나스이다.

요나스는 루터의 아이스레벤 마지막 여행길에 동행했고, 그의 임종을 지킨 영적 아들이었다. 한때 요나스는 죽을 만큼 아픈 적이 있었는데 그때 그는 루터에게 자신의 마지막 임종을 지켜 달라고 부탁한 적이 있었다. 그러나 역설적이게도 1546년 2월 아이스레벤 여행 중에 죽게 된 루터 옆에 요나스가 있었다. 그가 루터의 소천을 공식적으로 알린 증인이다.

요나스는 루터에게 마치 사도 바울에게 디모데나 누가와 같은 인물이었다. 언제나 그림자와 같이 그를 수행하고 그의 필요한 것들을 채우며, 필요한 정보들을 제공하고 기록하는 증인이요 비서였다. 보통 사람들에게는 없는 명석함과 판단력으로 루터에게 조언을 하고 할레를 필두로 하여 종교개혁을 비텐베르크 남부에 전파하는 일에 끝까지 헌신했다. 오늘날 우리에게 있는 루터에 대한 많은 기록, 즉 역사적인 자료가 남아 있다는 것에 우리는 치밀하고 섬세한 요나스에게 감사해야 한다.

요나스는 루터를 가장 많이 닮은 제자였고 친구였다. 루터가 다양한 병에 시달렸는데 요나스도 우울증, 두통, 치통, 결석증 등 많은 병을 달고 살았다. 그래서 그는 사도 바울의 고린도후서 4장의 표현대로 질그릇에 담긴 보화인 그리스도를 사랑했으며, 복음을 자기와 같은 연약한 사람을 통해 전파하시는 하나님의 은혜에 늘 감사했다. 루터는 그를 잘 이해했고 요나스도 루터를 잘 이해했다.

교회 찬송가 작사가

요나스는 루터와 같이 음악에도 재능이 있었다. 루터가 작사 및 작곡한 독일 찬송가 중에는 요나스와 함께 작사한 것이 많이 있다고 전해진다. 예를 들면 시편 124편을 주제로 한 독일 찬송가 297장 5절은 요나스의 작품이라고 한다.

개신교에서 찬송가의 역할은 정말 중요하다. 그 당시까지는 예배에서 사제가 오직 우리나라의 판소리와 비슷한, 음조가 거의 없는 찬송을 불렀다. 그러나 개신교 예배에서는 모든 성도가 함께 화성을 넣어 하나님을 찬양하며 예배의 수여자가 아니라 예배의 주도자로 예배를 함께 만들어 갔다.

찬송가는 그리스도인들의 감성과 영성에 매우 긍정적인 영향을 미쳤다. 교회 음악은 기독교 문화에 큰 기여를 했다. 오늘날 전 세계에서 활동하는 많은 한국의 젊은 음악가들이 한국 교회에서 배출된 것은 자연스러운 결과이다. 기독교가 모든 문화 영역에서 그 영향력을 발휘해야 하지만 무엇보다도 음악과 찬송가를 통해 우리 사회를 문화의 오염으로부터 지켜 내는 일을 해야 한다. 유스투스 요나스의 일생은 루터를 위한, 루터와 함께한 삶이었다고 말해도 지나치지 않다.

나가는 말

하나님이 친구가 아니시라면 어떤 친구도 도울 수 없다.

_마르틴 루터

요한 폰 슈타우피츠, 필립 멜란히톤, 카타리나 폰 보라, 프리드리히 데어 바이제, 요한 데어 베스텐디게, 게오르크 스팔라틴, 루카스 크라나흐, 요하네스 부겐하겐, 유스투스 요나스는 루터의 친구 이전에 하나님의 친구들이었다. 하나님의 친구들이 다시 사람의 친구들이 되었다. 예수님과 함께 죽고 사는 예수의 친구들이 예수의 사람들과 함께 살고 죽었다.

사도 요한은, 독생자 하나님 예수 그리스도를 전하는 목적이 성도들과 자신이 사귐을 가지기 위한 것인데 이 사귐은 아버지와 그 아들 예수 그리스도와 함께하는 것이라 했다. 이 진리를 이해할 때 충만한 기쁨이 있을 것이라 했다 ^{요일 1:3-4}. 사도 요한은 이 사귐을 영생이라 이해했다. 그리스도를 중심으로 이루어지는 사귐이 복음이요, 영생이요, 복이요 하나님의 나라이다. 이 사귐이 가능하기 위해서는 빛되신 주님의 진리가 밝히 드러나야 하고, 그 빛 앞에 우리의 거짓된 모습이 적나라하게 드러나야 한다. 그리스도의 용서와 그의 찢긴 살과 흘리신 피로 자신에게서 나오지 않는 낯선 의를 덧입은 사람들이 모여 세상을 이기고 서로 사랑하는 공동체가 바로 교회이고 하나님의 나라이다.

하나님의 나라는 우리가 죽어서 가야 하는 지평선 너머에 있는 무릉도원이 아니다. 물론 그런 죽음 이후의 세계를 당연히 포함하지만 그보다 더 강조되어야 하는 것은 오늘 나와 하나님과의 관계, 나와 이웃과의 관계, 나와 자연 만물 및 환경과의 관계이다. 이 관계의 아름다움 즉 코이노니아가 영생이요, 구원이요, 하나님의 나라다.

그리스도는 자신의 제자들을 친구라 명하셨다. 하나님도 아브라함을 자신의 벗이라 칭하셨다. 모든 것을 다 말하는 사이, 말하지 않아도 그 마음을 다 이해하는 사이, 그를 위해서는 무엇을 주어도 아깝지 않은 사이 그것이 친구 관계이고 우정이고 사랑이다. 그리스도는 우리를 위해 자신의 살과 피를 주셨다. 그가 가진 모든 것을 자신의 제자들과 친구들에게 주셨다. 하나님 나라의 비밀을 다 공개하셨다. 심지어 세상 끝날까지 함께한다고 약속하셨다. 그 약속대로 그는 성령 하나님, 위로자 보혜사를 우리에게 보내셨다. 예수께서는 친구를 위해 목숨을 버리는 것이 가장 큰 사랑이라고 친히 말씀하셨는데 그 말씀대로 그는 자신의 목숨을 자신의 제자들, 더 나아가 우리를 위해 버리셨다. 또 부활하셔서 영원토록 우리와 함께하시는 친구가 되셨다.

이 십자가의 친구와 부활의 친구 간에 떡을 떼고 그로부터 말씀을 들으면 우리의 눈이 열린다. 엠마오로 가는 두 제자처럼. 그렇게 눈이 열리면 아직도 눈을 뜨지 못한 친구들에게 달려가게 된다. 그 과정이 수없이 반복되어 마침내 온 인류가 친구가 되고 형제가 되어 사자와 양이, 독사와 아이가 함께하는 그런 나라가 되는 것이 이사야의 꿈이요, 루터와 루터의 친구들의 꿈이요, 또 나의 꿈이다. 그리스도는 이 꿈이 분명히 성취될 것을 약속하셨다. 이 모델을 부분적이지만 보여 주고 맛보는 곳이 이 땅의 교회다.

이 진리를 이해한 멜란히톤은 "우리는 서로 나누기 위

해서 이 땅에 태어났다!"라고 말했다. 그는 모든 인간은 하나님께서 창조하신 유일무이한 작품으로 독창성을 지닌다고 했다. 그러나 그 유일한 인간은 역사 속에 태어나고 그 역사를 통해 자신을 나타낼 때 비로소 완전하게 된다고 보았다. 이런 멜란히톤에게 루터는 "우리는 하나님이 아니고 인간이 되어야 한다!"라고 했다. 혼자서 모든 것을 하는 하나님이 되어서는 안 되고 실제로 하나님도 그렇게 하시지 않는다 친구의 도움이 필요한 사람이 되어야 한다는 것이다. 루터도 멜란히톤도 마음을 나누고 물질을 나누며 대화를 나누고 우정을 나누며 영생을 나누는 그런 너와 나와의 관계, 너희와 우리의 관계를 위해서 우리는 이 세상에 태어났다고 본 것이다. 너에게 있는 것을 빼앗지 않고 그대로 두고 존중하면서 그것을 내가 필요할 때 쓸 수 있는 그런 관계로 이해한 것이다. 바로 그런 관계가 루터와 멜란히톤의 관계였고, 비텐베르크 친구들의 나눔이었다.

천 년의 어두움을 이기고 천 년의 역사의 방향을 바꾼 힘이 바로 이런 코이노니아에서 나왔다. 500년 전 독일의 작은 마을 비텐베르크에서 서로 다른 몇 명의 사람들이 이루었던 빛과 사랑의 사귐이 우리에게 선물한 그 크나큰 축복을 이 얇은 책에서 어떻게 다 말할 수 있을까? 정치가,

행정가, 예술가, 경영자, 수도사, 신학자, 목사, 교육자, 심리학자 그리고 주부가 때로는 열띤 토론으로, 때로는 삶과 죽음을 넘나드는 모험으로, 때로는 기타를 들고 노래를 부르며 와인과 맥주를 마시는 여유로운 삶으로 우리에게 보여 준 우정이 정말 그립다. 이 우정과 사귐이 이 메마른 광야와 같은 세상을 사는 우리에게 오아시스를 선물하지 않을까?

오늘날 우리 사회는 이런 영생의 사귐에 목말라하고 있다. 모두가 모두를 경쟁 대상으로 보고 약육강식의 원리에 따라 살아야 하는 적자생존의 사회, 지나친 자본주의가 분명히 옳지 않음을 알지만 그렇다고 사회주의를 따라갈 수도 없는 시대에 살고 있다. 익명의 사회이지만 페이스북을 통해 온 세상이 친구가 되기를 바라는 바람도 있다.

예수 그리스도의 복음에는 그 해답이 있다. 십자가의 친구 예수께서 우리에게 나누어 주신 성만찬을 함께 나누는 우리에게는 분명히 그 해답이 있다. 그럼에도 아직도 교회는 이 사귐의 복음을 명쾌하게 이 세상을 향해 제시하지 못하고 있다. 우리는 어디로 돌아가야 할까? 사도들의 가르침으로 돌아가야 한다. 예수 그리스도의 가르침으로 돌아가야 한다. 500년 전 개신교가 탄생한 그 비텐베르크로 돌아가 그들 개혁자들의 사상과 삶을 배워야 한다. 특별히 그들의 아름다운 우정과 사귐의 영성으로 돌아가야 한다. 다음 천 년을 준비해야 하는 우리 가운데 정치가, 기업가, 관료, 예술가, 목회자, 신학자, 교육자가 함께하는 비텐베르크의 환상의 팀이 조국 땅 곳곳에 생겨나 한국 교회에 진정한 종교개혁의 새바람이 일어나기를 기대해 본다.

함석헌 선생님의 아름다운 시가 기억난다. 그 시로 500년 전 개혁자들의 우정과 삶을 다시 한 번 그려 본다.

그 사람을 그대는 가졌는가

만리길 나서는 길
처자를 내맡기며
맘 놓고 갈 만한 사람
그 사람을 그대는 가졌는가

온 세상 다 나를 버려
마음이 외로울 때에도
'저 맘이야' 하고 믿어지는
그 사람을 그대는 가졌는가

탔던 배 꺼지는 시간

구명대 서로 사양하며

'너만은 제발 살아다오' 할

그 사람을 그대는 가졌는가

불의의 사형장에서

'다 죽어도 너희 세상 빛을 위해

저만은 살려 두거라' 일러 줄

그 사람은 그대는 가졌는가

잊지 못할 이 세상을 놓고 떠나려 할 때

'저 하나 있으니' 하며

빙긋이 웃고 눈을 감을

그 사람을 그대는 가졌는가

온 세상의 찬성보다

'아니' 하며 가만히 머리 흔들 그 한 얼굴 생각에

알뜰한 유혹 물리치게 되는

그 사람을 그대는 가졌는가

친구에게 바치는 글

저에게는 친구가 한 명 있습니다.

그 친구는
조그마한 교회 두 개를 가슴에 품고 섬기는 목사입니다.

젊은 날 우리는 서로 약속했습니다.
그가 먼저 본향으로 돌아가면
제가 그를 위한 천국환송예배를 드리기로요
제가 먼저 본향으로 돌아가면
그가 나를 위한 천국환송예배를 드리기로요

지금은 그 약속을 지킬 자신이 없습니다.

요하네스 부겐하겐이 루터의 장례예배 때
눈물 때문에 말을 이어가지 못했던 것처럼
우리 또한 그럴 것이기 때문입니다.
우리의 우정은 내가 노력해서 얻은 것이 아닙니다.
물론 그 친구는 저를 위해 많은 희생을 했습니다.

친구는 나와 함께 아파하고 즐거워합니다.

제가 우울증과 불면증으로 고통하고 신음할 때
친구는 먼 길을 마다하고 왔습니다.
친구가 저를 고칠 수 있는 의사는 아닙니다.
그냥 함께 고통을 나누고 아파하기 위함입니다.
친구가 할 수 있는 것은
저 옆에 같이 누워 있는 것뿐이었습니다.
잠 이기는 장사가 없다고
믿음도 우정도 잠을 이기지 못했습니다.
친구는 지붕이 날아갈 것처럼 대포 코를 골았습니다.
그런데 그 친구가 밉지 않고 사랑스럽습니다.
불면증 친구와 대포 코를 고는 친구
우리 사이가 그렇습니다.
외아들로 섬김만 받고 자란 왼손잡이 친구가
요리책을 연구하여
앞치마를 두르고
김치찌개를 만듭니다.
친구를 위해,
가족을 위해,

교회 식구들을 위해,

그는 요즈음 점점 '성자'가 되어 가는 것 같습니다.

참 인간이 되어 가는 것이지요.

독일 남부의 그

독일 중부의 나

우리는 얼굴로 자주 보지는 못합니다.

그러나 늘 가까이 있습니다.

저는 일방적으로 받기만 합니다.

그리스도께서 저에게 하시는 것처럼

그도 일방적으로 주고 베풉니다.

저는 모든 것을 삐딱하게 보는

나꼼수나 딴지일보 기자와 같은 사람입니다.

적어도 이전에는 그러했습니다.

그러나 그는 그런 나를 품고 기다려 주며

기도해 주었습니다.

저에게는

아버지 같은 친구들

형님 같은 친구들

어머니 같고 누나 같은 친구들

동생 같은 친구들

자녀 같은 친구들이

전 세계에 디아스포라로 흩어져 있습니다.

까만 머리, 흰 머리, 노랑머리들이 섞여 있습니다.

감사한 일입니다.

저에게는 카타리나 폰 보라와 같은

아름답고 당찬 아내가 있습니다.

저에게는 아빠의 설교를 듣기를 좋아하는

자녀들이 있습니다.

저에게는 물질과 기도로 후원해 주는

한국의 혈육들이 있습니다.

저에게는 같은 소망의 꿈을 가진

프랑크푸르트 대학 옆, Kurfürstenplatz 34번지에

서 있는 포도나무교회Weinstock Gemeinde 가족들이 있습니다.

친구를 잘 만나 치유되고

친구를 잘 만나 사람되고

십자가의 예수를 친구로 만나

또 예수의 친구들을 친구로 만나

새 하늘과 새 땅의 역사에 동참하는 은혜를 입었습니다.

우리의 우정이 더 깊어져서

우리의 사랑이 더 풍성해져서

우리의 꿈이 더 확고해져서

루터와 비텐베르크의 친구들이 꿈꾸었던

그 하나님의 나라가

오늘 다시 한 번

독일 땅에

유럽 땅에,

그리고

조국 대한민국에

열방을 향하여 이루어지기를

소망합니다.

저자 후기

2014년 브라질 월드컵 대회에서 독일이 우승을 차지했다. 독일 팀은 조별리그에서는 별로 두각을 나타내지 못했지만 시간이 가면 갈수록 조직력이 좋아져서 16강, 8강, 4강 우승까지 거머쥐게 되었다. 이 독일 팀이 우승하게 된 이유를 찾아본다면 무엇을 들 수 있을까? 나는 지극히 '비전문가적'인 입장에서 두 가지 이유를 꼽는다.

브라질, 아르헨티나, 네덜란드 팀은 네이마르, 메시, 로벤 등의 매우 뛰어난 선수에 의존한다. 그중 메시는 정말 위협적인 선수다. 그러나 독일 팀은 달랐다. 그들은 특별히 잘하는 선수에 의존하지 않았다. 그들은 모두 잘했고 심지어 수비수도 골을 넣을 수 있는 역량이 있었다. 특히 필립 람의 공수에서 보여 준 몸 움직임은 화려했다. 그가 공을 잡으면 여간해서는 빼앗기지 않는다. 후멜스, 케디라, 크로스, 쉬를레, 외질, 괴체 등 모두가 뛰어났고 모두가 골을 넣었다. 이는 무엇을 말해 주는가? 뮐러, 클로제가 골을 넣은 것은 당연한 것이다. 나는 람이 골을 넣지 못해 안타까웠다. 이제 현대 축구는 더 이상 화려한 스타플레이어가 반드시 필요하지 않다는 것을 보여 주었다고 나는 믿는다.

선교에서도 더 이상 화려하고 영웅적인 '위대한' 선교사가 필요한 것이 아니라 팀원들과 잘 어울리고 겸손하게 동역하며 자신의 때가 왔을 때 자신의 몫을 해 내는 그러한 선교사가 필요하다. 하나님의 나라는 목사만 있는 곳이 아니다. 오히려 목사가 더 이상 필요 없는 곳이 하나님의 나라다. 모든 신자가 다 목회자인 나라, 독일 팀 같은 교회가 우승하는 것이다. 루터는 모든 신자가 제사장임을 역설했다. 정치가, 사장, 노동자, 주부, 목회자, 심리학자, 예술가, 언어학자 등 모두가 하나님의 나라를 위해 일하는 곳이 정말 멋진 교회요, 하나님의 나라이다.

이런 의미에서 예영커뮤니케이션에서 출간된 『엘베 강변 하얀 언덕 위의 친구들』은 동역자들과의 사귐과 연합이라는 주제를 다루고 있다. 나는 많은 부분 성경에서도 이런 주제를 다루고 있다고 생각한다. 오늘날 선교를 말하는 사람 중에 허드슨 테일러를 모르는 사람은 없다. 그러나 그의 후계자 호스트 박사를 아는 사람은 매우 드물다. 나 자신도 OMF의 손창남 선교사를 만나기까지는 그러했다. 호스트 박사는 "잊히기 위해 산다"라고 말했다.

로잔선교운동은 미국의 빌리 그래함 목사 등 복음주의 목회자들에 의해 시작되었다. 그런데 요즈음 이 로잔선교 운동의 총재는 40대 초반의 비쩍 마른 마이클 오 총재이 다. 그를 아는 사람들은 얼마나 될까?

2인자를 존경할 줄 아는 사회와 집단이 바로 하나님 나 라다. 부목사님을 담임목사님보다 더 존경하고 사례비도 더 많이 줄 수도 있는 교회가 진정 필요하다. 뢰브 감독은 선수 시절 실력이 뛰어난 선수가 아니었다. 심지어 차범근 선수보다도 벤치에 앉아 있을 때가 더 많았다고 한다. 그 런데 그가 클린스만 감독 밑에서 수석 코치를 하면서 열심 히 배우고 동역한 결과 2014년 7월에 드디어 열매를 맺었 다. 클린스만은 뢰브에게는 루터에게 요한 폰 슈타우피츠 박사와 같은 스승이었다.

이 책을 쓰면서 요한일서 1장 3절을 주의 깊게 읽었는 데 이때 새롭게 배운 것이 우리가 복음을 전하는 이유가 전하는 자와 듣는 자가 사귐을 갖게 하기 위함이라는 점이다. 우리가 얼마나 쉽게 "그에게 구원을 주기 위해서"라고 생각하기 쉬운가? 물론 그 사귐은 아버지와 그 아들 예수 그리스도와 함께하는 사귐이다. 구약에는 영생이란 말이 잘 나오지 않는다. 그런데 시편 133편에는 형제가 연합하여 동거함이 영생이요, 축복이라고 명시하고 있다. 이 또한 얼마나 쉽게 지나치기 쉬운 문장인가? 성경은 우리가 죽은 후에 가야 하는 하나님의 나라를 말하는 것이 아니라 가장 가까이에 있는 이웃과 형제를 그리스도 안에서 사랑하고 기뻐하며 신뢰하는 것이 하나님의 나라라고 강력하게 증거한다.

독일이 월드컵에서 우승한 두 번째 이유는 쾰른체육대학 학생들이 진행한 한 프로젝트 덕분이다. 그들은 이번 월드컵에 출전한 32개국 모든 나라의 팀과 선수들에 대해 동영상과 각종 데이터를 분석해서 그 방대한 자료를 뢰브 감독에게 전달했다고 한다. 연봉 100억에 달하는 감독들과 선수들이 대학생들의 자료를 받아 참고하고 그 자료를 활용했다는 놀라운 사실이다. 이는 선수 때도 잘했지만 대학에서 경영학을 전공한 독일 팀 매니저 올리버 비어호프의 역할이라고 나는 생각한다. 이는 무엇을 말해 주는가? 연구하고 공부하는 공동체는 누구도 이길 수 없다. 이제 한국 교회는 추악한 모습을 덮지만 말고 밖으로 드러내서 분석하고 연구해야 한다. 성경 신학을 하듯 역사 신학도 피 흘리기까지 파고들어야 한다. 내가 속해 있는 선교단체는 훌륭한 단체임에는 틀림없으나 토론을 잘하지 않는다는 단점이 있다. 이는 한국 사람들의 약점이기도 하다. 특히 '믿음 좋은' 지도자들은 더욱 그러하다. 올해 초에 이 선교 단체는 그동안 한 번도 언급하지 못했던 부분들을 거론하기 시작했다. 이렇게 되기까지 부분적인 저항 운동이 있었으나 50년의 세월이 흘렀다. 그러나 나는 희망을 보았다. 젊고 신선한 세대들이 연구하고 토론하는 가운데 이 모임이 바른 방향으로 가리라는 것을 확신하게 되었다. 그러다 아니다 싶으면 하나님께서 다 엎어버리고 새로운 운동을 일으키시지 않을까? 그것도 나쁘지 않다. 바울과 바나바가 다투고 갈라서지 않았다면 바울이 바울되지 못했을지도 모른다. 루터가 가톨릭교회에 머물러 있었다면 얼마나 끔찍한 일인가?

나는 34년차 선교사다. 나는 언제나 말한다. "내가 34년 동안 독일인을 선교한 것이 아니라 하나님께서 34년 동안 나를 독일에서 선교하셨다고 말이다. 내가 얼마나 악하고 못났으면 34년 동안 기다리고 가르치시며 고난의 막대기로 때려서 제대로 된 신자 하나 만들어 보겠다고 하셨을까? 그런 면에서 우리 하나님은 선택을 잘못하셨는지도 모른다. 그러나 그의 부르심과 택정함에는 절대로 후회하심이 없다. 이것이 은혜다. 또 한 가지 34년의 선교생활을 통해 배운 것이 있다면 친구 한 사람이 얼마나 중요한가 하는 것이다."

이런 면에서 나는 이 세상에서 가장 행복한 사람이다. 생명의 친구와 동역자들이 주님과 함께 하나님의 나라를 위해 오늘도 기도하고 사랑하며 토론하고 용서하며 우리 하나님을 찬양하고 예배하고 있기 때문이다.